슈퍼 인간의 탄생

우리도 슈퍼맨이 될 수 있다

슈퍼인간의 탄생 – 우리도 슈퍼맨이 될 수 있다

초판 1쇄 인쇄 2017년 3월 6일
초판 1쇄 발행 2017년 3월 10일
–
지은이 마사히코 이나미(Masahiko Inami)
옮긴이 최승규
펴낸이 이방원
기 획 이윤석
편 집 홍순용 · 김명희 · 안효희 · 강윤경 · 윤원진
디자인 나수정 · 손경화
마케팅 최성수
–
펴낸곳 세창미디어
출판신고 2013년 1월 4일 제312-2013-000002호
주소 03735 서울특별시 서대문구 경기대로 88 냉천빌딩 4층
전화 02-723-8660 | 팩스 02-720-4579
이메일 edit@sechangpub.co.kr | 홈페이지 http://www.sechangpub.co.kr
–
ISBN 978-89-5586-474-8 03000

이 도서의 국립중앙도서관 출판시도서목록(CIP)은 서지정보유통지원시스템 홈페이지(http://seoji.nl.go.kr)와
국가자료공동목록시스템(http://www.nl.go.kr/kolisnet)에서 이용하실 수 있습니다. (CIP제어번호: CIP2017006007)

슈퍼 인간의 탄생

우리도 슈퍼맨이 될 수 있다

마사히코 이나미(Masahiko Inami) 지음

최승규 옮김

세창미디어 MEDIA

차례

제2장 _ 인터페이스로서의 신체

제3장 _ 포스트 신체 사회를 고안하다

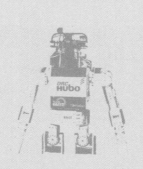

SF에서 증강인간공학을 고찰하다

| 증강인간공학의 지향점

이 책의 주제는 '증강인간공학(Augmented Human)'이다. 다소 생소한 단어일지 모르나 최근 들어 세간의 시선을 끌며 하루가 다르게 발전하고 있는 분야로서 일본에서는 연구가 활발히 이루어지고 있다. 이와 관련하여 필자도 2010년 발족회원으로 시작한 '증강인간 국제회의(Augmented Human International Conference)'가 2016년에는 제7회를 맞이했다. 2011년과 2014년에 일본에서 개최된 이 국제회의에는 많은 일본인이 운영위원으로 참가하고 있다.

'증강인간공학이란 무엇인가?' 자세한 내용은 앞으로 다루겠지만, 간단히 말해 기계와 정보시스템을 이용해 인간이 원래 지니고 있는 운동기능과 감각을 증강(增强)해 슈퍼맨을 만들어 내는 것이다. 영화에서 슈퍼맨은 괴력의 소유자로서 하늘을 날고, 빛보다 빨리 달리기도 하며, 눈에선 열선을 내뿜어 투시할 수 있는 놀라운 시력을 지녔다. 이런 슈퍼맨은 우리에게 동경의 대상이며, 인간이 이 같은 능력을 갖춘다는 건 앞으로의 숙제이다. 그러나 현재의 기술이 진화하는 속도를 고려하면

1967년 방영된 TV애니메이션《수퍼꼬마 퍼맨(パーマン)》.

도쿄 올림픽이 개최되는 2020년 무렵에는 후지코 F. 후지오의 만화 『슈퍼꼬마 퍼맨』 정도는 가능하지 않을까 생각한다.

| 광학미채(光學迷彩)라는 획기적인 전환점

이 책을 쓰기 시작할 무렵, 연구에 몰두하고 있던 필자에게 하나의 전환점이 된 사건이 있다. 이 사건이야말로 책의 위상을 분명하게 말해 주고 있다.

〈사진 1〉을 보면 피사체가 카멜레온처럼 배경에 융합되어 있다는 걸 알 수 있다. 겉옷과 주변의 풍경이 서로 동화된 듯 보인다. 이것이 바로 '광학미채(光學迷彩, Optical Camouflage)다. 움직이고 있는 인간 신체가 배경과 융화되어 투명하게 비친다는 사실은 실로 놀라운 일이다. 광학미채는 많은 해외 미디어에서 소개되었고 실연광경을 촬영한 동영상은 '유튜브(YouTube)'에도 올라와 있다. 〈사진 1〉처럼 필자가 등장한 이 동영상은 시청횟수 누계가 어림잡아 수백만 회에 이른다. '광학미채'는 미

_ꀠ <사진 1> 광학미채를 착용한 저자.

국「타임」지 선정 2003년도 '가장 우수한 발명(Coolest Invention of the Year)'
으로 보도되었다.

　원리는 다음과 같이 설명할 수 있다. 먼저 광학미채에는 도로의 표
지 등에 사용되는 '재귀성반사재(Retroreflector)'가 쓰인다. 재귀성반사재
는 빛이 입사하는 방향과 거의 같은 방향으로 반사하는 성질을 띠고 있
어 투영된 빛을 난반사하는 경우가 없다. 따라서 요철이 있는 스크린에
서도 여러 대의 영사기를 통해 입체영상을 구현할 수 있다. 또한, 주변
의 밝기와 상관없이 주변 모습을 나타낼 수 있다. 그래서 광학미채를
착용한 인물이 주변 모습을 실시간으로 촬영한 다음 컴퓨터로 영상을
바로잡고 다시 영사기를 통해 입체영상을 투영한다. 그러면 영상을 보

2017년 개봉예정인 루퍼트 샌더스 감독 《공각기동대-Ghost In The Shell》의 한 장면.

는 사람들에게는 화면 속의 겉옷 부분이 투명하게 보인다.

| SF를 통한 영감

'광학미채를 왜 전환의 계기라고 하는가?' 바로 SF(Science Fiction) 작품에서 느꼈던 강렬한 예감 때문이다. 광학미채에 대한 관심이 커지면서

1988년 개봉된 극장판 애니메이션 《아키라(Akira)》의 포스터.

수많은 연구가 속속 이어진 이유도 있지만, 그 이상으로 중요한 사건이 있다. 광학미채는 재귀성반사재와 영사기를 이용하여 특수 안경 없이 입체영상을 구현할 수 있는 '재귀성 투영 기술'이라 한다. 그리고 동료 연구원 가와카미 나오키와 함께 연구에 매진하고 있을 때 불현듯 만화 『공각기동대』를 떠올렸다. 『공각기동대』는 디지털 세계에서 양자역학까지 박학다식함을 유감없이 발휘한 SF작가 시로 마사무네의 대표작이다.

또한, 이를 원작으로 1995년에 제작된 오시이 마모루 감독의 애니메이션 영화 《공각기동대-Ghost In The Shell》는 이미 북미지역을 중심으로 호평을 받았던 오토모 가쓰히로 감독의 영화 《아키라》와 함께 일본 애니메이션에 대한 세계적인 평가를 끌어낸 결정판이기도 하다. 공각기동대의 초반부에는 주인공 구사나기 모토코가 '열광학미채(Thermo-optical Camouflage)'를 몸에 휘감고 차가운 미소를 머금은 채 어둠과 동화되듯이 사라지는 장면이 등장한다. 작품 속에 등장하는 열광학미채는 특수한 광학기술을 응용하여 착용한 사람의 모습을 위장할 수 있는 기술이다. 여기에 영감을 받아 만들어진 것이 앞의 〈사진 1〉 속에 등장하는 사람의 몸을 투명하게 보이게 하는 광학미채다.

| 목적(WHAT)과 수단(HOW)의 작용

이 일을 통해 'SF 등 엔터테인먼트와 연구 작업은 인터랙션(Interaction, 상호작용)한다'는 사실을 깨달았다. 필자가 보기엔 엔터테인먼트나 창작 작업(픽션)에서 영감을 얻어 연구 작업이 발전하는 경우도 있지만, 반대로 과학기술 연구 과정에서 얻은 영감으로 창작 작품이 만들어지는 경우도 있다. 가령 1968년 미국에서 개봉된 스탠리 큐브릭의 명작 《2001: 스페이스 오디세이》에 MIT(매사추세츠 공과대학)의 천재 컴퓨터 과학자인 마빈 민스키가 자문역으로 참가했던 사실은 유명한 일화이다.

이 작품에 등장하는 인공지능 컴퓨터 'HAL9000'은 SF와 연구 작업이 상호작용한 결과이며, 이후 A.I.(Artificial Intelligence, 인공지능)에 대한 연구의 방향을 결정짓고 A.I. 이미지의 원형으로 자리매김한다. 한편 민

영화《2001: 스페이스 오디세이(2001: A Space Odyssey)》의 한 장면.

스키는 1970년에 설립한 MIT 인공지능 컴퓨터 과학연구소의 창립자 중 한 사람으로 활약하였다. 2005년에 필자도 객원과학자로서 이 연구소에 머물며 SF와 연구 작업이 서로 작용하는 것을 몸소 느낄 수 있었다.

문제는 SF와 연구 작업이 공존하면서도 역할분담이 가능하냐는 점이다. 영화나 애니메이션 등 SF작품을 보고 등장하는 인물이나 사물을 그대로 만들려고 하는 연구자가 있을 것이라 여긴다면 오해다. 확실히 SF작품에서 영감을 얻어 연구한 결과, 기술이 탄생할 수 있었다고 보는 게 설득력이 있다. 그러나 연구 작업과 창작(픽션)은 특별한 몇몇 경우를 제외하고는 대부분 직접 결부되어 있지 않다. 왜냐하면 '만들고 싶은 것(WHAT)'은 창작을 통해 묘사할 수 있지만 '어떻게 만들어 낼 것인가(HOW)'라는 문제까지는 제시할 수 없기 때문이다. 따라서 만들고 싶은 것(WHAT)을 어떻게 만들어 낼 것(HOW)인지는 연구자의 능력에 달려 있다.

필자의 경험으로는 '공각기동대'에서 묘사하고 있는 '열광학미채'라는 목적(WHAT)을 당시 연구하고 있던 '재귀성 투영기술' 등 입체영상과 '강막투영형(綱膜投影型) 디스플레이'라는 수단(HOW)과 결부시켜 배경을 실시간으로 사람 몸 위에 입체적으로 비추면 마치 몸이 투명하게 보일 수 있을 것이란 영감에 도달할 수 있었다.

영화 《A. I.》의 한 장면.

| SF는 공통언어

SF작품은 연구자에게 실로 막중한 역할을 하고 있다. 여기엔 2가지 이유가 있다. 첫째, SF작품은 일반인들에게 연구자의 연구 작업을 알기 쉽도록 전달하는 언어로서, 그리고 연구자들끼리는 연구 내용을 공유하고 이해할 수 있는 공통 언어로 기능한다. 《2001: 스페이스 오디세이》 외에 2001년 개봉된 스티븐 스필버그 감독의 걸작이자 인공지능을 주제로 다룬 《A. I.》라는 SF작품이 없었다면 어찌 되었을까? 아무런 지식도 없는 상태에서 일반인들은 '도대체 인공지능이란 무엇이고, 이를 통해 실현 가능한 기술은 무엇이지?'라는 생각을 할 것이다.

새로운 기술을 개발하는 데는 투자가 필요하다. 인공지능의 개발도 사회에서 응용할 수 있는 여지가 있을 때만 국가나 기업의 투자를 받을 수 있다. 무엇을 위한 기술개발인지 분명하지 않은 것에 투자를 유치하기란 어렵다. 그러므로 SF작품을 통해 미래의 기술이 지닌 전망을 눈으로 직접 확인할 수 있도록 해야 한다. 이처럼 목적(WHAT)을 엔터테인먼트를 통해 사회에 널리 제시하는 일도 중요하다.

한편, 조금 낯선 얘기일지 모르나 연구자들은 그들 사이의 공통 언어로 SF에 등장하는 기술이나 인물의 이름을 쓰는 경우가 많다. 논문 등 공식적인 자리에선 거의 사용하지 않지만 같은 연구실이나 학회에 소속된 연구자들끼리는 오히려 《스타워즈》나 《스타트렉》과 같은 SF 명작을 거론하는 편이 훨씬 대화를 풀어 나가기가 쉽다. 아이디어 회의를 할 때 "이런 것을 만들고 싶다"며 SF작품을 예로 들면 "그것 말씀이군요" 하며 바로 의견을 주고받을 수 있다. 할리우드 영화는 물론이거니와 일본의 『도라에몽』 마술 도구까지도 잘 통하는 경우가 많다. 이처럼 SF작품은 사람과 기술 및 사람과 사람을 이어 주는 언어로서 전혀 부족함이 없는 가교 구실을 하고 있다.

| 실현하려는 의지가 중요하다

두 번째로 SF작품은 '만들려고 하는 대상(WHAT)'을 제시하고 있어서 인간, 특히 필자와 같은 연구자에게는 동기부여가 되는 존재이다. 운동에 소질이 없던 어린 시절의 필자를 위로해 준 것이 『도라에몽』이었다. 1972년생인 필자와 시대를 함께한(다고 느끼고 있는) 세대들은 주인공 '노비타'를 자신의 분신과 같은 존재로 여겼을 것이다. 필자와 같은 세대들은 책상 서랍을 열어 '아직 도라에몽이 오지 않았군'이란 말을 해야 초등학교 4학년이라 할 수 있을 정도로 『도라에몽』을 좋아했다. 그때는 '앞으로 기술이 제대로 발전한다면 도라에몽은 반드시 나타날 거야'라고 생각했다.

현실에서도 가능하리라 여겨졌고 우리가 꿈꿨던 것들을 비록 만화로나마 실현해 준 것이 『도라에몽』이다. 도라에몽의 마술 도구를 보지 못했다면 그러한 것들이 불가능하다고 생각했을 것이다. 작품에 '암기

1973년부터 방영된 TV 애니메이션《도라에몽(ドラえもん)》의 한 장면.

빵'이라는 식빵이 있어 공책과 책을 잠시 누른 다음 먹으면 빵 표면에 찍힌 내용을 정확하게 암기할 수 있다. 어쩌면 현대에서는 스마트폰의 기억영역을 확장하면 가능하리라 생각한다. 실제 방법에 차이가 있으나 가까운 미래에는 등장할 것이다.

책상 서랍을 열자 '타임머신'이 등장하는 일은 아직 현대과학기술로는 실현하기 힘들다. 그러나 문을 열면 가고 싶은 곳으로 갈 수 있는 '모든 곳으로 통하는 문'은 어쩌면 실현할 수도 있다. '모든 곳으로 통하는 문'과 같이 순간 이동을 실현할 방안(HOW)은 이 책에서 다루고 있다. 이처럼 도라에몽의 마술 도구는 연구자에게 아이디어의 보고다. 강단에서 학생들을 가르치는 지금도 간혹 다시금 읽어 보면 이전과 전혀 다른 새로운 느낌을 받곤 한다. '작품에 나온 이것을 실현하고 싶다'는 의욕이 연구 과정과 기술개발에 동기를 부여한다. 이와 같은 이유로 이 책에서는 많은 SF작품으로 여러분들의 이해를 돕고 필자의 연구와 지식을 전달하기 위한 언어로 사용하고자 한다.

무대에서 쓰인 종이 유령(The Little Match Girl in the Fairy Tale Forest, Efteling, Netherlands).

| 종이 유령

또 하나, 광학미채로부터 배운 것이 있다. 그것은 바로 기술이 엔터테인먼트로 존재하는 것이 중요하다는 사실이다. 광학미채는 어린 시절 읽었던 책에 등장하는 마법에 관한 아이디어에서 힌트를 얻은 것이다. 히키다 텐코가 감수한 『쇼가쿠칸(小學館) 입문 백과 시리즈 12 마법ㆍ요술 입문』(쇼가쿠칸, 1971)에 세계의 대마술로 소개되었던 '악마의 사자, 해골이 된 소년'이다. 이 요술에서는 무대에 놓인 상자 안에 있는 소년의 몸이 서서히 해골로 변한다.

'종이 유령(Pepper's ghost)'이라 불리는 이 기술은 밝은 쪽에서는 거울에 물체가 비치지만 어두운 쪽에서는 거울 너머의 물체가 비치는 매직미러, 즉 하프미러(half mirror)를 이용한 착시현상의 일종이다. 소년을 비추고 있는 조명이 서서히 꺼지고 객석이 어두워짐과 동시에 거울 뒷면의 해골이 등장하기 때문에 관객들은 놀라지 않을 수 없다.

종이 유령은 1858년 영국 과학진흥협회의 토목기사이자 발명가였던 헨리 닥스가 발표한 아이디어를 영국의 왕립 과학기술학원의 원장이었던 존 페퍼가 개량한 것이다. 1862년 크리스마스이브에 찰스 디킨

스의 '귀신들린 남자'를 공연할 때 무대효과로 사용한 것이 최초이다. 과학에서 발생한 결과가 엔터테인먼트로 홍행한 것이다. 이 시스템은 이후 150년이 지난 지금도 도쿄 디즈니랜드의 '헌티드 맨션'과 음악 라이브, 패션쇼의 연출 등에 사용하고 있다. 광학미채는 바로 이 종이 유령의 장치와 같이 하프미러를 멋지게 응용한 결과로 원래는 엔터테인먼트로 쓰이던 기술이었다.

| 엔터테인먼트는 사회에 필요하다

앞서 언급한 원리를 응용하여 실용화하려는 시도가 우리 연구팀이 개발한 '투명 프리우스'다. 자동차 뒷부분에 카메라를 설치하여 후진으로 주차할 때 모니터로 영상을 보며 도움을 받을 수 있는 장치인 '투명 프리우스'는 자동차를 후진하면 뒷좌석 부분이 투명해지면서 운전자의 눈으로 직접 벽까지의 거리 등 주변의 상황을 살펴볼 수 있다. 시야가 넓은 창문이 설치된 자동차를 운전하는 듯한 느낌을 받을 수 있는 이 기술의 원리는 '광학미채'와 같다. 운전석과 조수석 사이에 투광기와 하프미러를 설치하고 차량 뒷부분에 부착한 다수의 카메라에 포착된 영상을 합성하여 재귀성 반사재를 입힌 뒷좌석에 실시간으로 투사하는 것이다.

한편 광학미채와 원리는 다르지만 투명한 듯 보이는 영상 기술을 의료현장에서 응용하여 게이오기주쿠대학 이공학부의 스기모토 마키(杉本麻樹), 의학부의 하야시다 데쓰(林田哲) 등이 공동연구로 '버추얼 슬라이서(Virtual slicer)'란 것을 발명하였다. 요컨대 수술할 때 의사가 절제범위를

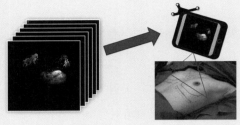

🔁 버추얼 슬라이서의 개요도.

결정하려면 환부를 정확히 알아야 하는데, 이는 상당한 경험이 없이는 무척 어려운 일이다. 하야시다는 데즈카 오사무의 만화 『블랙잭』에 등장할 만큼 수술 실력이 탁월한 의사다. 그러나 수술 실력이 아무리 뛰어나더라도 진료할 수 있는 환자 숫자는 정해져 있어서 자신의 능력에 한계가 있다는 것을 절감했다고 한다.

그래서 그들이 개발한 것은 태블릿 단말기를 이용해 신체의 단면 화상을 보기 쉽게 표시하는 장치다. 의사 눈앞에 태블릿 단말기를 설치해 놓았기 때문에 수술하기가 쉽다. 게다가 의사의 인지적 부담을 덜어 주는 것이 목적이므로 실제 수술에 임하는 의사의 움직임과 같이하여 화상을 표시하는 방법을 쓴다. 현재 이 버추얼 슬라이서를 실제로 수술에 적용하려는 시도가 이루어지고 있다. 이처럼 원래 엔터테인먼트에 활용하던 기술 역시 사회의 폭넓은 분야에서 유용하게 쓰이고 있다. 이것이 바로 광학미채가 가르쳐 준 교훈이다.

| 스포츠를 사회에 환원하다

엔터테인먼트를 사회로 환원하는 대표적인 사례로 자동차의 속도를 겨루는 '포뮬러 1(Formula One, F1)'이 있다. 포뮬러 1은 다양한 최신 기술을 동원하여 속도를 겨루는 스포츠다. 포뮬러 1에서 터득한 기술을 시판하려는 자동차에 적용함으로써 자동차 산업은 액티브 서스펜션 (active suspension)과 변속기 등에서 기술력을 높여 왔다. 이를 본보기 삼아 증강인간공학에서도 '초인스포츠'라고 부르는 엔터테인먼트 스포츠에 적용하여 달성한 성과를 다시금 일상생활에 적용하려는 시도가 본격적으로 시작되었다.

그렇다면 왜 스포츠인가. 스포츠 경기를 살펴보면 축구나 농구 등 구기 종목은 개개인의 신체적 차이를 구별하지 않지만, 유도나 권투 같은 종목들은 체중에 따라 체급을 나누어 경기한다. 서로 몸과 몸이 맞부딪치는 경기일수록 실력이 아니라 체중의 차이가 곧장 승패의 결과로 이어지기 때문일 것이다. 그러면 신체의 차이를 보완할 수 있는 기술을 스포츠 이벤트에 적용하여 그것의 축적된 결과를 일상생활에 적용할 수 있는 길은 없을까? 이것이 생각의 시작 지점이었다.

증강인간공학이라면 더 나은 건강한 삶을 위한 헬스나 웰니스(Wellness)[1]로 생각하는 경향이 많지만, 즐기는 오락적 요소도 중요하다. 노래와 춤, 맛있는 식사와 같은 엔터테인먼트는 사람의 일상을 윤택하게 만든다. 또한, 마음을 풍요롭게 해 주기 때문에 우리들의 QoL(Quality of Life, 삶의 질)을 향상하는 중요한 산업이다. 필자 역시도 엔터테인먼트와 관련된 기술 분야 연구에 깊이 관여하고 있으며, 가령 게임업계와의 공동연구 등을 한 예로 들 수 있다. 이점이 엔터테인먼트가 사회에 중요한 역할을 담당한다는 것을 가장 잘 보여 주는 사례이다.

---

1 웰빙(Well-Being)과 건강(Fitness)의 합성어로 신체적, 정신적, 사회적 건강이 조화를 이루는 이상적인 상태를 말한다.

| 초인스포츠 협회

    2015년에 게이오기주쿠대학교의 나카무라 이쓰야(中村伊知哉)와 도쿄대학교의 레키모토 준이치(曆本純一), 그리고 필자 등 3인이 공동대표로 '초인스포츠 협회'를 설립하였다. 그리고 로봇 연구자와 스포츠 과학자, 운동선수, 미디어 아티스트 등 50명이 넘는 각 분야의 전문가들이 참여하고 있다. 특히 게임 디자이너의 참가가 눈에 띄는데 컴퓨터 게임을 제작하면서 터득한 노하우는 매우 중요하다고 생각한다. 가령 축구의 오프사이드 규정이라든가 야구의 투수판과 홈플레이트의 거리 등을 살펴보더라도 모든 스포츠는 시합의 재미를 위하여 끊임없이 게임 밸런스를 조정해 왔다.

    이처럼 새로운 스포츠를 창시할 때에는 초보자와 숙련자 모두 부담 없이 즐기면서, 노력 여하에 따라 승패가 결정되는 절묘한 게임 밸런스의 조정 작업이 필수적이다. 앞으로 '초인스포츠 협회'는 게임 디자이너처럼 다양한 분야의 인재들이 참여함으로써 더 획기적인 아이디어가 탄생하지 않을까 생각한다. 이미 몇 가지 시도가 있었다. '초인 스포츠 아이디어 마을'과 '초인 스포츠 박람회'에서는 일반인과 학생, 스포츠 선수들까지 총망라해 다양한 아이디어를 모집하고 현장에서 규칙과 방법을 만들어 실제로 경기를 해보았다.

    예를 들어 2015년 7월에 열린 '초인 스포츠 박람회'에서 우수상을 받은 '버블 점프'가 있다. 도움닫기를 하고 정면으로 부딪쳐서 상대를 넘어뜨리는 단순한 경기였다. 이 경기에서는 버블 축구 등에서 사용하는 비닐로 만든 큰 풍선을 몸에 둘러 넘어지더라도 아프지 않으며, 점핑 슈즈를 착용해 사람의 몸으로는 불가능한 동작도 가능하다. 아직 개선해야 할 점들이 몇 가지 있지만, 맨몸으로 부딪히는 것보다 안전하고 재미있다는 점에서 초인 스포츠다운 경기라고 생각한다. 고맙게도 초인 스포츠는 '월 스트리트 저널' 등 여러 언론을 통해 소개되었다.

초인 스포츠와 유사한 경기로는 스위스 국립 로봇공학 연구지원 센터가 주관하는 '사이배슬론(Cybathlon)'이 있다. 이는 장애인이 로봇 기술 등을 이용한 첨단 보조 장비를 끼고 경기하는 스포츠 대회다. 이처럼 초인 스포츠의 영역은 매우 넓어서 어린이에서부터 노인에 이르기까지, 심지어는 장애인까지도 쉽게 즐길 수 있는 스포츠를 사이배슬론과 연대하여 만들어 나가고자 한다. 그리고 초인 스포츠 협회 설립에 부쳐 다음의 3원칙을 정하였다.

· 기술과 함께 진화해 나가는 스포츠
· 모든 참가자가 즐길 수 있는 스포츠
· 모든 관전자가 즐길 수 있는 스포츠

비장애인과 장애인, 남녀노소를 불문하고 모두 참여할 수 있는 스포츠를 창조하는 것이 목표이다. 그 때문에라도 인간의 신체능력을 보강하는 '증강인간공학'을 응용하려는 시도를 초인 스포츠의 테두리 내에서 계속해 나갈 것이다. 그리고 그 결과로 '슈퍼 인간(초인)'과 같이 인간의 신체 능력을 초월하는 힘을 실현할 기술이 개발될 것이다. 이렇게 다듬어진 기술은 누구든 나이에 구애받지 않고 활발히 활동할 수 있는 사회를 구축하기 위한 시금석으로 자리매김할 것이다.

이 책은 초인 스포츠가 지향하는 이상적인 모습, 즉 슈퍼 인간이란 무엇이고 슈퍼 인간이란
비전이 왜 지금 시대에 중요한가 하는 문제를 증강인간공학의 단면을 통해 해명하며 미래에
대한 희망찬 설렘을 갖고 싶어 집필하였다.

제1장에서는 보철에서 증강에 이르기까지 신체의 발전상을 조감해 보았다. 신체와 도구 및
신체와 바깥세계 간의 경계선을 살펴보면서 증강인간공학이 지향하고자 하는 바를 밝혀 보고
자 한다.

제2장에서는 신체의 역할을 이해하고 또한 오감 등 각각의 감각기관이 지닌 의미를 고찰하고
자 한다. 더 나아가 인간에게 새로운 현실감을 선사한 기술, 즉 가상현실(Virtual Reality)을
설명하면서 인간이 신체로부터 어디까지 분리될 수 있는지를 살펴보고자 한다.

제3장에서는 로봇은 어떠해야 하는가?, 인간은 '또 다른 신체'로 대체할 수 있는가? 하는 문
제를 고찰함으로써 인간형 로봇이 지닌 의미를 서술하고자 한다. 또한, 인간은 여러 개의 신
체를 지닐 수 있는가 하는 문제를 고찰하면서 포스트 신체 사회에 대한 무한한 상상을 펼쳐보
려고 한다. 모든 장에선 가능한 한 SF와 엔터테인먼트 작품을 예로 들어 내용상의 딱딱함을
제거하고 연구 과정과 SF의 상호작용을 생동감 있게 느낄 수 있도록 노력하였다. 필자의 대
학 강의나 모임 중의 대화 내용이 실은 이와 같다. 편안한 마음으로 읽어 나갔으면 하는 바람
이다.

다시금 강조하지만, 이 책은 증강인간공학을 알기 쉽게 해설하여 독자 여러분과 신체의 미래
에 대해 생각해 보고자 하였다. 관련된 각각의 연구를 소개할 때 보다 알기 쉽게 전달하기 위
하여 설명과 정확한 용어의 사용을 생략한 부분도 있는데 이 점 양해해 주기 바란다.

1장

인간의 신체는 증강된다

증강신체란 무엇인가?

'보철'에서 '증강'으로

의족 선수가 올림픽에 출전하다

남아프리카공화국에 두 다리가 의족인 오스카 피스토리어스(Oscar Leonard Carl Pistorius)라는 육상선수가 있다. 한때 국가의 영웅이었던 피스토리어스 선수는 안타깝게도 연인을 살해한 혐의로 유죄판결을 받았지만 그가 남긴 기록은 위대하다. 2008년 베이징 올림픽에서는 카본(탄소섬유)으로 만든 의족이 높은 추진력을 지니고 있다는 이유로 출전 금지 통보를 받았다. 그리고 2012년 런던 올림픽에서는 남자 400m와 남자 400×400m 계주의 주자로 출전하여 올림픽과 패럴림픽 양쪽에 모두 출전한 선수로 세계적인 명성을 얻은 바 있다.

최근에도 피스토리어스 선수처럼 의족을 끼고 놀라운 기록을 달성한 사례가 있다. 2015년 10월 카타르의 도하에서 치러진 장애인 국제 육상대회의 기록이다. 멀리뛰기 종목에서 런던 패럴림픽 금메달리스

트 출신인 독일의 마르크스 레임(Markus Rehm) 선수가 자신이 가지고 있던 세계기록을 11㎝나 경신한 8m 40㎝라는 기록으로 우승하였다. 이 기록은 런던 올림픽 출전 자격인 A표준기록 8m 20㎝를 훨씬 뛰어넘은 것이다. 따라서 레임 선수는 패럴림픽이 아닌 올림픽에도 출전할 수 있는 충분한 능력을 갖췄다고 할 수 있다. 참고로 일본기록은 1992년에 모리나가 마사키(森長正樹) 선수가 기록한 8m 25㎝이고 한국은 김덕현 선수의 8m 22cm이다. 레임 선수의 다음 올림픽 출전 여부는 아직 확인된 바가 없다.

대다수 대회가 공정한 경기를 위해 성별과 체중별로 구분 짓듯이 올림픽과 패럴림픽 역시 구분할 필요가 있다는 주장도 있다. 그러나 장애인을 비장애인과 똑같이 취급해야 한다는 사회적 요청을 고려하면 굳이 구별할 필요성이 있는지는 논의의 여지가 있을 것이다. 일본에서도

『오체불만족』의 저자인 오토다케 히로타다처럼 '패럴림픽을 폐지하고 싶다'며 목소리를 내는 사람도 등장하고 있다.

■ 의족이 길다고 해서 불공평한 것인가?
■

또한, 경기에서 의족 길이가 논의의 초점이 된다. 천하무적이었던 의족 육상선수, 피스토리어스 선수가 2012년의 런던 패럴림픽 육상 남자 200m(하퇴부 절단 등 T44 등급) 결선에서 브라질의 앨런 올리베이라 선수에게 밀려 2위에 그친 적이 있다. 피스토리어스 선수는 경기 후 인터뷰에서 '올리베이라 선수의 의족이 너무 길다'는 불만을 제기하여 세간의 주목을 받았다.

원래 의족의 길이는 국제 패럴림픽 위원회에서 정한 규정이 있다. 당시 기준에 따르면 팔꿈치에서 손목까지의 길이와 가슴에서 수평으로 쭉 뻗은 손의 손가락 끝까지의 길이를 기준으로 의족을 장착했을 때의 제한신장을 산정하도록 하고 있다. 이 규정에 의하면 의족을 착용한 피스토리어스 선수의 제한신장은 193.5cm로 올리베이라 선수의 185.4cm보다 약 8cm가 높다. 하지만 200m 결선을 촬영한 사진을 비교해 보면 두 사람의 신장 차이는 거의 없어 보인다. 왜일까?

실은 피스토리어스 선수는 패럴림픽뿐만 아니라 올림픽에도 출전하기 위하여 패럴림픽의 제한신장보다 짧은 의족을 선택해 시합에 임했다. 국제육상경기연맹으로부터 '의족이 비장애인과의 경쟁에서 유리하게 작용하지 않도록 할 것'이라는 요청이 있었기 때문이다. 올림픽에선 짧은 의족으로 패럴림픽에선 긴 의족으로 출전할 수도 있었지만, 길이가 다른 의족은 실제 사용하는 근육이 다르다. 결국, 피스토리어스 선수는 올림픽 출전을 위해 패럴림픽의 금메달을 포기한 것이다. 하지만 의족의 기술적 진화로 머지않아 올림픽과 패럴림픽 간의 경계는 허물어질 수밖에 없다. 따라서 규정을 변경해서라도 조정이 불가피한 상황이다.

이처럼 의족에 의지해야 빨리 달릴 수 있고 높이 뛸 수 있다는 장애인들만의 경기, 즉 패럴림픽의 의의는 서서히 퇴색해 갈 것이다. 1896년 아테네에서 처음으로 개최된 근대 올림픽도, 제2차 세계대전 후에 확립된 패럴림픽도 모두 21세기 기술의 발달로 인해 '근대'로서의 역할을 다했다고 할 수 있다.

인간의 다리보다 빠른 의족

장애인 육상선수가 착용하는 카본으로 만든 의족은 사람의 근육처럼 능동적이진 않지만, 소재 자체가 지닌 탄력성으로 더 높은 추진력을 내기 위한 특수한 형상을 하고 있다. 인간의 다리와는 전혀 다르다고 볼 수 있다. 그리고 의족은 기술 향상을 통해 추진력에 효율성을 더하게 된다. 특히 중거리를 뛸 경우 인간의 다리보다 의족을 착용하는 편이 더 빨리 달릴 가능성이 있다.

인간은 직립보행을 하므로 침팬지가 손가락 관절의 바깥쪽을 디디며 네 발 보행, 즉 '너클 워크(knuckle-walk)'를 하는 것에 비해 훨씬 높은

🔁 바이오닉 부츠의 사용 모습(www.bionicboot.com).

에너지 효율로 이동할 수 있다. 게다가 인간은 한층 더 나아가 두 발로 뛰는 것보다 자전거를 타는 편이 빠르고 편하게 이동할 수 있다는 사실도 알고 있다.

의족 역시 마찬가지로 기술이 계속 발전함에 따라 사람의 다리가 가진 에너지 효율을 추월하고 있다. 지금까지의 의수와 의족은 신체의 결손 부위에 인공물을 이용해 그 형태와 기능을 보완하여 비장애인처럼 활동할 수 있게끔 하는 이른바 '보철(補綴)'의 개념이었다. 예를 들면 충치가 생겨 치과의사를 찾아 은이나 금으로 만든 의치를 넣어 치아의 기능을 회복하려 할 것이다. 결국, 없는 것을 어떻게 보완할 것인지의 문제를 목적으로 삼았다. 그러나 피스토리어스 선수나 레임 선수 등 의족 선수가 활약한 사례가 보여 주는 것은 인간 신체의 새로운 영역이다. 인간의 신체를 과학 기술을 통해 증강하고 지금까지의 신체기능보다 더 높은 기능을 획득하여 여태껏 없었던 신체기능을 가질 가능성이다.

로봇 의족과 패럴림픽용 의족을 개발하고 있는 기계공학자 엔도 겐은 고성능 의족을 통해 비장애인보다 훨씬 역동적인 경기를 즐길 수 있으므로, 오히려 패럴림픽을 올림픽과 분리하자는 의견이 더 많아질 것이라 주장하고 있다. 스포츠 선수 경우 외에도 빨리 달리는 다리를 만들려는 시도에는 여러 가지가 있다. 카본의 반발력을 이용하는 것 외에도 신발의 밑창으로 호핑(Hopping, 깡충 뛰기)의 발판 같은 것을 사용하는 경우이다.

가령 발판을 발뒤꿈치 부위에 설치하여 위로 도약하기 위한 것이 아니라 앞으로 나아가기 위한 추진력으로 잘 전환할 수 있는 '바이오닉 부츠(Bionic boots)'란 것이 있다. 타조와 캥거루의 아킬레스건을 본떠 만든 발판을 사용하여 시속 40km로 달릴 수 있다고 한다. 또한, 재미있는 장치로는 러시아의 비행기 기술자가 만든 신발이 있다. 겉보기엔 신발 밑창에 발판을 부착한 점핑 슈즈처럼 보이지만 가운데에 휘발유를 주입할 수 있어 적절한 시간에 맞춰 발화시켜 추진력을 얻을 수 있는 장치이다. 러시아의 눈 덮인 도로를 날아다니듯 질주하는 모습을 보노라면 유쾌하기 그지없다.

■

SF에 등장한 파워 슈트

■

보철이 아닌 신체를 증강하려는 노력의 역사는 좀 더 거슬러 올라간다. 인간을 슈퍼맨과 같은 힘을 지닌 신체로 증강하려는 연구는 주로 1960년대에 추진되었다. 발전의 계기로 작용한 '파워 슈트'라는 콘셉트는 본격적인 연구 작업이 들어가기 전인 1959년의 SF소설에 등장한다.

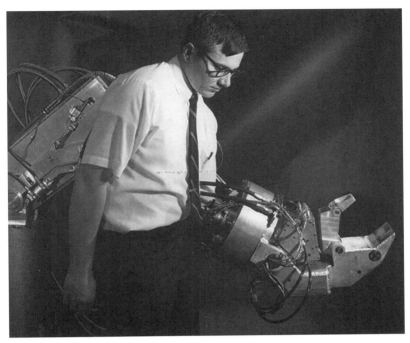

🐾 제너럴 일렉트릭의 하디맨.

미국의 작가 로버트 하인라인이 발표한 『우주의 전자(Farmer in the Sky)』[2] 에서 주인공 소년이 지구연방군에 입대하여 장갑(裝甲)을 입힌 파워 슈트를 걸치고 쳐들어오는 적과 싸우는 이야기이다. 괴력을 낼 뿐만 아니라 휴대형 화염방사기 등 화기도 장착하고 우주복 역할도 한다. 이 작품 이후 다양한 파워 슈트가 소설이나 영화, 애니메이션 등 SF작품에 등장하는 계기가 된다.

　가령 미국의 영화 《에일리언 2》의 클라이맥스, 즉 주인공이 '파워 로

2 한국어판은 『우주의 개척자』, 안태민 역(불새, 2014).

더(Power Loader)'를 타고 에일리언과 싸우는 장면이 있는데 이 기계장치도 파워 슈트다. 파워 슈트에 대한 대표적인 연구는 토머스 에디슨이 설립한 미국의 세계적인 거대기업 제너럴 일렉트릭사(GE)가 추진하고 있다. 제너럴 일렉트릭이 1960년대에 시작한 '하디맨(Hardimen)'은 원조 파워 슈트라 할 수 있는 존재다. 유압식 기구를 통해 인간의 힘을 25배 가량 끌어올리는 것이 개발 목표였다. 당시엔 중공업 분야 등 큰 힘이 있어야 하는 현장에서 활용할 목적이었다. 그러나 이 하디맨은 인간이 장착하기에는 너무 무거워 실용화가 되지 않았다.

파워 슈트는 왜 개발이 늦었는가?

제너럴 일렉트릭사가 연구개발을 추진한 이후, 재차 과학기술에 의해 신체를 증강하려는 분위기가 나타나기까지는 꽤 많은 시간이 필요

1995년 방영된 TV애니메이션 《신세기 에반게리온(新世紀エヴァンゲリオン)》.

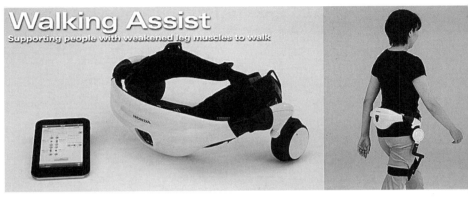

Walking Assist
Supporting people with weakened leg muscles to walk

🐌 혼다의 혼다 보행 도우미.

했다. 파워 슈트가 다시금 세간의 주목을 끌게 된 건 그리 오래되지 않았다. 왜 그랬을까? 우선 생각할 수 있는 건 인간이 파워 슈트를 제어하기가 불가능했기 때문이라고 생각된다. 《신세기 에반게리온》에는 폭주하는 에반게리온이 등장하는데 확실히 파워 슈트가 한번 제어불능 상태에 빠지면 인간의 힘으론 대처하기가 불가능하다. (단, 에반게리온을 증강신체로 볼 수 있는가의 문제는 의견이 분분하다.)

자동차 공장에서 작업용 로봇에 빨려 들어간 종업원이 목숨을 잃었던 사고 사례에서 보듯이 기계는 항상 위험을 안고 있는 존재다. 게다가 당시엔 소형 컴퓨터도 없이 아날로그 방식으로 제어할 수밖에 없었다. 파워 슈트와 같이 신체를 증강하는 기계를 연구 개발할 때의 주의할 점은 실험에 임할 때는 반드시 비상정지 장치를 확보하고 매우 조심스럽게 작동해야만 한다. 그런 점에서 제너럴 일렉트릭사의 하디맨은 인간의 25배에 달하는 힘을 가진 흉기로 돌변할 수 있다.

원래 파워 슈트가 위험한 장소에서의 작업을 상정하고 연구했다고

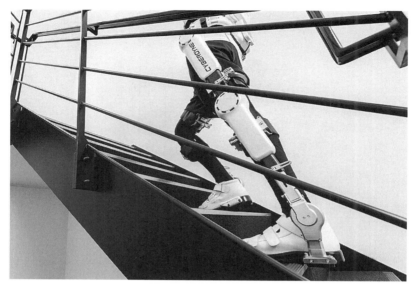

🐚 사이버다인이 개발한 로봇 슈트 HAL.

하지만 몸에 착용하는 것 자체가 위험천만한 일이다. 파워 슈트 개발에
는 어떻게 제어하는가의 문제가 가장 중요한 과제이며 당시 기술로는
입력과 출력을 제대로 제어할 수 없었기 때문에 실용화에 이르기까지
상당한 시간이 필요하지 않았나 생각한다.

■

최근 실용화되는 파워 슈트

■

파워 슈트의 컨셉은 최근에 이르러서야 실용화 단계로 넘어가기 시
작했다. 최근에는 신체의 다양한 부분을 보조하도록 만들어진 제품
들이 많이 나오고 있다. 혼다(本田技研工業)의 '혼다 보행 도우미(Honda walk

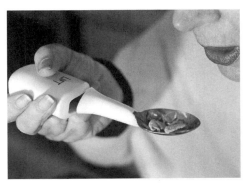

ﾗ 구글의 전동숟가락 리프트웨어.

assist)'는 이름 그대로 인간의 걸음걸이를 보조하는 장치이다. 보행 시 고관절 움직임을 모터에 내장된 각도 센서가 감지하고, 컴퓨터가 모든 장치를 제어하여 모터를 작동한다. 흔들림을 바로잡아 주는 전동자동차와 같이 다리를 앞으로 내밀 때 동작을 지탱해 준다.

파나소닉 자회사 액티브링크(Activelink)가 발매한 '어시스트 슈트 (Power assist suits) AWN-03'은 무거운 짐을 들려고 할 때 허리를 굽혔다 폈다 하는 파워 슈트이다. 몸의 중심축을 이루는 부분의 움직임을 위치 센서로 인식하여 인간의 움직임에 따라 허리 부분의 모터를 회전시켜 허리의 부담을 덜어 준다. 이러한 도우미 슈트는 지게차나 크레인으로 들기엔 좀 작고 사람이 들기엔 무거운 물건을 들 때 유용하다. 엑티브링크에서는 그 밖에도 전신형, 다리형 등 아직 제품화에 이르지 않은 다양한 파워 슈트를 개발하고 있다.

독특하게도 구글은 손 떨림 방지기능이 부착된 간호용 전동숟가락 '리프트웨어(Liftware)'를 판매하고 있다. 디지털카메라의 손 떨림 방지기능을 응용한 것으로 손잡이 부분에 장착된 센서를 통해 숟가락 끝을 자동으로 작동시켜 손이 떨려도 국과 밥을 먹을 수 있다. 노인이나 환자를 위한 간호용 제품이라 할 수 있다. 미국에서는 파킨슨병을 앓아 손발이 떨리는 환자들에게 판매되고 있다고 한다. 또한, 지금까지 사람들 앞에서 음식물을 흘리는 게 창피하여 겸상을 피했던 사람들도 이 전동 숟가락을 사용하면서 친구들과 적극적으로 식사를 즐긴다고 한다. 편안하게 식사를 할 수 있을 뿐만 아니라 QoL(삶의 질)를 향상시키는 효과도 기대할 수 있다.

근전(筋電) 센서 기술의 향상

쓰쿠바대학교에서 설립한 벤처기업으로 도쿄증권거래소 마더스에도 상장된 사이버다인(CYBERDYNE)이 개발한 로봇 슈트 'HAL(Hybrid Assistive Limb)'은 병으로 인해 신체가 마비되는 등 도우미가 필요한 환자가 많은 의료분야 등에서 실용화 단계로 나아가고 있다. 일본에서는 후생노동성으로부터 의료기기로 제조·판매할 수 있는 허가를 받았다. 또한, 독일 등 유럽에서도 의료기기로서의 특허권을 취득했다. 간호 현장이나 재활의학용으로 이용할 예정이라고 한다.

HAL의 핵심 기술은 인간에게서 파워 슈트로 전달되는 입력을 원활하게 하는 '근전(筋電) 센서(EMG sensor)'이다. 근전 센서란 인간이 근육을 움직일 때 발생하는 미세한 전압을 계측하는 센서를 말한다. 최근 이 센서 기술과 받은 신호를 처리하는 기술이 비약적으로 발전하였다. 과거에는 뇌파나 심전도를 측정할 때 대부분 끈적이는 페이스트를 바르고 전극을 연결했다. 그리고 한때 유행했던 기기로 전극을 배에 붙이고 EMS(전기적 근육자극)로 복근을 단련하는 기기라든가, 어깨에 붙여 어깨 결림에 효과적인 패드 등이 있는데 이는 대개 겔(Gel) 모양의 전극이다. 이것은 피부를 촉촉하게 유지하여 안정적으로 근전을 측정하거나 조직에 전류를 흐를 수 있게 한다.

한편 최근에 '활성 전극(active electrode)'이라는 새로운 기술도 등장하였다. 자세한 설명은 생략하지만, 표면의 전기저항이 높아도 안정적으로 근전이나 안전위(眼電位), 뇌파 등 생체신호를 계측할 수 있는 기술이다. 따라서 이제는 생체 계측을 실험실 밖에서도 손쉽게 쓸 수 있게 된 것이다. 그리고 컴퓨터의 발전으로 신호처리와 제어가 더욱 원활하게 되었다. 센서가 취합한 데이터의 특징을 추출하고 학습을 통해 신호를 분류하거나, 데이터의 이력을 토대로 동작을 예측하여 불편함 없이 동작을 지원하는 기술이 등장한 건 대단한 사건이다. 이러한 기술들이 거듭 등장하면서 파워 슈트는 다시금 주목받기 시작했다.

■

전동의수도 보철에서 증강으로

■

새로운 근전 센서의 등장은 의수에도 영향을 주어 최근 들어서는 보철에서 증강으로 진화하고 있다. 벤처기업 엑시(Exiii)가 만든 전동의수 '핸디(Handiii)'와 '핵베리(HACKberry)'는 겉으로 보기에도 지금까지의 의수와는 차원이 다르다. 여태까지 보철로만 봐 왔던 의수가 아닌 질감이나 주름, 색상 등을 사람의 손과 다르게 하여 오히려 미래지향적인 디자인

🐾 엑시가 만든 전동의수 핸디.

으로 변모시켰다. 의수를 착용하는 것이 부끄러워 숨길 필요도 없고 안경처럼 패션 아이템의 하나로 변화시킨 것이다. 디자인의 우수성은 세계적으로도 인정받아 권위 있는 디자인 공모전 'IF 디자인상'의 최우수상인 '골드 어워드(금상)'를 수상했으며 일본에서도 마찬가지로 '굿 디자인' 금상을 받은 바 있다. 이러한 새로운 의수가 등장한 배경에는 다음과 같은 기술적 진보가 자리 잡고 있다.

첫 번째는 사이버다인과 같은 센서와 신호 처리의 기술이다. 사고나 질병으로 손을 잃은 사람도 나머지 신체에 근육은 남아 있다. 이 근육의 전기신호와 근운동에 의한 피부표면의 변화를 읽어내 손이 작동하는 구조다. 획득한 신호를 처리하는 문제도 한창 보급 중인 스마트폰을 이용한다면 하드웨어의 원가절감을 기할 수 있다.

두 번째는 3D 프린터의 등장이다. 다양한 소재를 사용하여 있는 그대로의 모습을 출력할 수 있어서 사용자 각각에 맞게끔 모양을 변형하거나 조정할 수 있는 커스터마이즈(customize)가 가능하다.

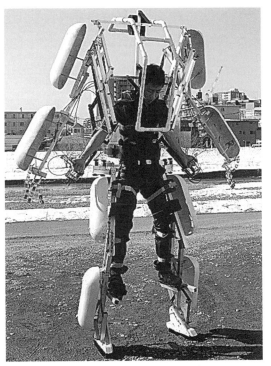

꽁 스켈레토닉스 주식회사의 인공외골격 스켈레토닉스.

인간의 힘으로 움직이는 인공외골격

그 밖에 모터나 유압 등 구동장치를 이용하여 인력으로만 움직이는 독특한 '인공외골격'이란 것도 있다. 일본에서 탄생한 탑승형 외골격 '스켈레토닉스(Skeletonics)'는 미국의 신문과 방송에 등장하여 세계적인 명성을 얻고 있다. 개발 주체인 스켈레토닉스 주식회사는 일본의 공업고등전문학교(이하 고전)들이 로봇 기술을 겨루는 '고전 로보콘(Robocon)[3]'에서 우승한 오키나와 고전의 학생이 설립한 벤처기업이다. 평행사변형의 링크인 팬터그래프(pantagraph) 기구를 이용하여 인간의 동작을 1.5배의 크기로 확대한 외골격을 갖춘 것으로 보기보다 힘들이지 않고 큰 동작을 연출할 수 있다. 죽마(竹馬)나 스틸트(stilt, 서양 죽마)의 현대판이라고 할 수 있으며, 모습은 미래지향적이며 아주 인상적이다.

산학협동으로 연구개발 중인 것도 있다. 히로시마대학교와 다이아공업이 공동 개발한 '언플러그드 파워 슈트(Unplugged power suit)'는 공기압을 인공 근육으로 사용한 제품이다. 보행 시 땅을 디딜 때 생기는 반발력을 활용하여 신발에 장착한 펌프로 공기를 압축시키고, 압축 공기가 반대편 다리에 설치한 인공 근육을 수축시켜 움직이려는 다리에 힘을 보조한다. 전기나 모터를 사용하지 않고 보행 시 쓰이는 인간의 힘만을 이용하여 인간의 움직임을 지원한다는 점이 독특하다.

또한, 홋카이도대학교에서 설립한 벤처기업 스마트서포트(Smart support)에서 만든 '스마트 슈트(Smart suit)'는 고무의 장력(張力)을 이용하여 허리를 굽혔다 폈다 반복하는 동작을 지원한다. 코르셋처럼 허리에 착용하는 형식이다. 신체를 움직일 때 근육에 더해지는 부하를 덜수 있도록 고무의 위치와 장력을 적절하게 설계한 것으로 신체에 가해지는 부담을 25% 정도 줄여 줄 수 있다고 한다. 가지와라 잇키의 만화 『거인의 별』에 등장하는 '메이저리그 볼 양성 깁스'는 용수철로 신체에 부하를 가해 훈련용으로 사용했지만, '스마트 슈트'는 그 반대이다. 복잡한 장치가 필요치 않으며 간단하고 실용적인 제품이다.

---

3 일본 조어로서 Robot과 Contest의 합성어.

■

자세는 유지하는 것만으로도 힘들다

■

액추에이터(actuator, 구동장치)를 이용하지 않는 인공외골격도 중요할 것이다. 그 이유를 설명하기 위하여 만화 『도라에몽』의 마술 도구인 '고르곤의 머리'를 소개하고자 한다. 이는 그리스 신화에 나오는 괴물 세 자매 중 셋째 메두사를 모티브로 한 것이다. 뚜껑 달린 상자를 열면 빛을 내뿜는 석상이 나오고 그 빛을 쐬면 생물의 근육이 돌처럼 굳어 버린다는 참으로 무서운 도라에몽의 마술 도구이다. 주목하고 싶은 것은 주인공 소년 노비타가 학교 교실에서 선생님께 혼나고 복도에서 벌 받는 장면이 나온다. 서 있는 것이 힘들었던 노비타는 고르곤의 머리를 사용하여 자신의 다리를 돌로 만들어 버린다. 힘든 게 사라지자 노비타는 편안한 표정을 짓는다.

평소에는 잘 의식하지 못하지만, 인간은 자세를 유지하는 것만으로도 힘이 든다. 하지만 이것은 학교에서 배운 물리법칙에는 어긋난다. 물리에서 배운 위치에너지를 설명할 때 같은 위치에서 운동하지 않는 자세를 유지하기 위한 에너지 소비는 제로이기 때문이다. 그러나 인간의 신체는 다르다. 자세를 유지하는 데도 에너지를 소비한다. 따라서 자세를 유지하기 위해 무척 많은 힘이 든다. 뇌신경외과 의사가 팔걸이 같은 암레스트(armrest)를 사용하면 수술 중에 손 떨림을 방지할 수 있다는 연구보고도 있다. 그러므로 『도라에몽』에서 노비타가 고르곤의 머리를 사용했던 방법은 실은 공학적으로 매우 센스 있는 행동이었다.

인간은 자세를 유지할 때 근육을 사용하기 때문에 에너지원이 되

굟 누니의 체어리스 체어.

는 물질 ATP(아데노신3인산)를 소비한다. 그러나 불가사리나 해삼 등 극
피동물은 다르다. 그들은 ATP를 소비하면 뼈와 뼈를 연결하는 '캐치 결
합조직'이란 관절이 변하여 몸이 굳기 때문에 에너지 소비를 억제하려
한다. 이를 응용하여 스위스의 취리히에 본사를 둔 다국적 회사 누니
(Noonee)는 외골격과 같이 발에 장착하여 언제 어디서든 앉고 싶을 때면
마법처럼 나타나는 의자 '체어리스 체어(Chairless Chair)'를 개발하였다. 가동
하지 않을 때는 평상시처럼 걷거나 뛸 수 있으며 프레임도 알루미늄과
탄소섬유 등 가벼운 재질을 사용하기 때문에 총 중량이 2kg을 넘지 않
는다. 가볍고 편리함이 돋보인다.

또한, 일본에서도 금형 제작에 독보적인 입지를 확보한 회사 닛토덴
코(日東電工)와 치바대학교 등이 협력하여 웨어러블 체어(Wearable Chair) '알
켈리스(Archelis)'를 산학협동으로 공동 개발하였다. 이 역시 필요할 때 엉

ﾗ 웨어러블 체어인 알켈리스.

거주춤한 자세로 앉을 수 있도록 하여 오랜 시간 동안 서서 일해야 하
는 의료인의 신체적 부담을 덜어 주기 위해 만들어졌다. 확실히 '고르
곤의 머리'의 기능을 실현하고 있는 제품이라 할 수 있다. 이처럼 인공
외골격으로 자세를 유지할 수 있게 도와주는 것만으로도 인간의 신체
는 증강할 수 있다는 걸 강조하고 싶다.

사이보그와 증강신체의 차이

여기서 낱말을 정리하여 다시금 그 뜻을 확인해 두고자 한다. 필자가 연구한 '증강인간공학'은 인간이 천부적으로 타고나는 운동과 감각, 그리고 지적인 처리기능을 과학 기술의 힘을 빌려 물리적·정보적으로 증강하려는 연구개발 영역이다. 따라서 증강신체란 과학기술을 통해 신체의 기능을 한층 업그레이드하는 것을 의미한다. 비슷한 개념을 띠고 있는 낱말로 '사이보그(Cyborg)'가 있다. 사이보그라면, 이시노모리 쇼타로의 만화 『사이보그 009』라는 명작이 있는데 거기에 등장하는 주인공들처럼 신체에 인공물을 끼워 넣어 한층 기능을 강화한 것을 의미한다.

사전을 찾아보면 사이보그란 낱말의 뜻은 '(Cybernetic Organism에서) 동물, 특히 인간의 생체 기능 중 중요한 부분을 전자기기 등으로 대체해 놓은 것'(『고지엔(廣辭苑)』 제6판, 이와나미 서점, 2008)이라 나와 있다. 여기서 등장하는 '사이버네틱 오르가니즘'이란 '생명을 유지하는 데 관련 있는 기관(Organ)'과 '생물과 기기를 제어할 수 있는 기술(Cybernetics)'을 융합한 것을 일컫는다. 그리고 그 준말이 사이보그다.

사이보그와 증강신체를 명확하게 구분하기란 어려운데 필자는 증강신체를 옷이나 신발처럼 '비침습(非侵襲)적'이며 '탈착(脫着)이 가능한' 것이며 '장착(裝着)하면 신체와 하나가 되는 것'으로 정의하고자 한다. 원래 인간의 신체가 아닌 인공물은 인공신장 등과 같이 신체에 삽입하면 그것으로 신체 일부가 되고, 한번 삽입한 것은 쉽게 탈착할 수 없어 증강하기가 어렵다. 하지만 증강신체는 파워 슈트처럼 손쉽게 탈착할 수 있고 나아가 과학기술의 진보를 통해 더욱 증강된 신체를 획득할 수 있다.

데라사와 부이치의 만화 『코브라』의 주인공은 왼팔에 사이코건

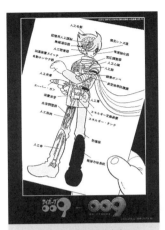

1964년부터 연재한 만화 『사이보그 009(サイボーグ009)』의 리메이크 극장 판 《009 RE:CYBORG》 티저 포스터.

1982년 방영된 데자키 오사무 감독의 애니메이션 《코브라》의 DVD.

(Psycho Gun)을 장착한 우주해적인데 일견 보기에도 사이보그 같다. 그러나 사이코건은 탈착이 가능하므로 증강신체이다. 이와 관련하여 『피터 팬』에 등장하는 후크 선장도 한쪽 손의 후크 부분은 탈착할 수 있다.

안경은 증강신체인가?

한편, 다양한 증강신체의 사례를 찾아 보니 의수나 의족처럼 '보철로서의 신체'는 역사가 오래됐다. 놀랍게도 기원전부터 의지(義肢, 의수와 의족)를 사용했다고 한다. 하지만 본격적으로 의지가 생산되기 시작한 것은 근대 이후로 전쟁에 지뢰가 사용되어 상이군인이 증가하는 등의 필요성이 대두하는 시기이다. 일본 보철 공학에서는 로봇 연구의 개척자 가토 이치로가 번역한 『인간의 수족에 대한 제어』(라지코 토모빅 저, 학헌사, 1968)를 참고하고 있다. 이 책은 안타깝게도 지금은 고서로서만 남아 있어 일반인은 쉽게 접할 수가 없다.

근대에 들어 보철에서 증강신체로 발전해 나간 사례로 우리 주변에서도 흔히 접하는 것이 있다. 이를테면 '안경'이다. 시력을 바로잡기 위하여 개발한 렌즈가 안경의 핵심 부품인데, 탈착할 수 있고 안경을 쓰고 있을 때는 거의 의식하지 못할 만큼 신체의 일부분으로 느껴진다. 패럴림픽에도 근시 부문은 없다. 즉, 안경으로 교정할 수 있을 정도는 신체적 특징의 하나일 뿐 아예 장애로 보지 않는다는 의미이다. 게다가 제조기술이 발달하고 디자인이 중요해지면서 패션 일부로 인식하기 때문에 그 위상이 보철에서 증강신체로 한층 변모하고 있다.

시력이 약하다는 것은 이젠 전혀 개인의 약점이 아니다. 오히려 매력을 발산할 수 있는 플러스 요인으로 작용하고 있다. 시력 보정을 목적으로 하지 않는 패션 안경의 존재가 그 좋은 사례일 것이다. 또한, 콘택트렌즈가 등장하면서 시력의 보정에 대한 선택이 넓어졌다. 컬러 콘택트렌즈 등 패션에 주안점을 두는 경향도 안경과 같다. 그 밖에 의복이나 신발도 거친 환경에서 몸을 보호하기 위한 용도뿐만 아니라 패션에 대한 중요성이 강조되면서 증강신체로 재조명해야 한다고 생각한다.

■

웨어러블 컴퓨터의 진화

■

안경은 특히 구글의 '구글 글래스(Google Glass)'처럼 몸에 장착하고 다

🔗 구글의 구글 글래스.

닐 수 있는 컴퓨터, 이른바 '웨어러블 컴퓨터'라는 거대한 정보기술혁신의 흐름에 합류하고 있다. 세계 굴지의 스마트폰 회사인 애플의 '애플 워치(Apple Watch)'가 대표적으로 보여 주듯이 웨어러블 기기에는 스마트폰의 다양한 센서 기술과 소프트웨어 기술이 적용된다. 증강신체의 관점에서 보면 웨어러블 컴퓨터가 스마트폰의 연장 선상에 놓여 있다는 점에서 이채롭다. 왜냐하면 스마트폰의 원형은 휴대전화이며, 휴대전화를 더 거슬러 올라가면 신체 중에서도 청각(또는 소리)의 증강이라 할 수 있는 전화기에 이르기 때문이다.

19세기 그레이엄 벨이 발명한 전화[4]는 음성 등의 소리를 전기신호로 바꾸어 전화선을 거쳐 상대방에게 전송하면 도달한 신호가 소리로 변환한다. 청각 장애를 보조하는 보청기가 보철이라면 전화는 증강한 신체라고 보아도 좋을 것 같다. 전화에서 휴대전화로, 그리고 스마트폰에서 웨어러블 컴퓨터에 이르기까지의 흐름도 신체가 증강한 한 단면

---

4 실제로는 이탈리아계 미국인 '안토니오 무치'라고 2002년 미국 의회가 인정했다.

으로 파악할 수 있다. 따라서 증강이란 관점에서 보면 지금 스마트폰의 연장 선상에서 웨어러블 컴퓨터 대부분이 전화와 메시지 교환 등 소통의 기능에만 만족하지 말고 발상을 확대해 나갈 수 있는 여지가 있다고 생각한다.

증강인간공학에 기인한 안경

웨어러블 컴퓨터의 증강 신체적 접근은 아직 시작 단계에 있다. 일본의 안경제작사인 아이웨어 브랜드 '진스(JINS)'가 발매한 '진스 밈(JINS MEME)'은 안경을 쓴 사람의 두뇌운동과 안구운동을 계측할 수 있는 웨어러블 기기이다. 소위 개방형 기술혁신(Open Innovation)형으로 개발된 상품이며 필자의 연구실도 연구개발에 일익을 담당했다.

기능을 살펴보면 가속도 센서와 자이로 센서(Gyro Sensor)로 신체의 기울기 등의 체축(體軸)을 측정하여 본인의 보행 모습을 그대로 볼 수 있다. 그리고 안전위 센서를 통해 하루 동안 눈동자의 움직임과 눈꺼풀의 깜빡거리는 횟수 등을 알 수 있다. '눈은 입만큼 말을 한다'는 속담이 있듯이 사실 눈의 움직임을 일정한 기준으로 측정하는 것만으로도 우리 몸의 상태를 세세히 알 수 있다. 이해하기 쉽게 간단히 말하면 회사나 학교에서 책상을 볼 때 시선이 고정되어 있으면 마음이 안정되어 집중할 수 있지만, 시선이 이리저리 흔들리면 마음이 산만해 집중할 수 없다.

이 사례에서 보듯이 시스템의 피드백 제어에서 자동으로 수정 또는 제어하는 피드백 루프(feedback loop)처럼 자기 신체의 개선점들을 알려

주어 지속적으로 자신을 인식하게 한다. 가령 거울을 보다 보면 자신이 인식하지 못한 사이 머리가 산발이 되었다는 걸 알게 되고 춤추기 같은 운동을 할 때 얼굴을 정리할 수 있을 것이다. 사람이 하루 24시간 동안 얼마나 걸었는지 계산하기는 어렵지만, 만보계를 몸에 지니고 다니면 대강 걸었던 거리를 알 수 있으므로 '내일은 만보 걷기를 목표로 하자'는 행동에 변화를 가져올 수 있다. 체중을 매일 기록하는 감량법도 이와 비슷하다.

■

웨어러블의 첨단에 있는 '어펙티브 웨어'란?

■

안경형 웨어러블 기기의 연장 선상에서 다음으로 연구하고 있는 분야가 '어펙티브 웨어(Affective Wear)'이다. 어펙티브를 그대로 번역하면 '감성적, 정서적인' '(심리학에서) 감정의'라 할 수 있다. 요컨대 감정을 모델화할 수 있는 기술을 생각하고 있다. 지금 개발 중인 어펙티브 웨어는 안경테부터 피부까지의 거리를 8개의 센서로 수치화하여 기록한다.

처음에는 안경 쓴 사람의 여러 가지 표정, 즉 웃고 있을 때나 화가 났을 때 모습 등을 미리 저장한다. 그리고 안경 쓴 사람의 표정에 따라 안경테와 피부의 거리를 수치로 환산해 미리 설정해 둔다. 그러면 안경 쓴 사람의 하루 동안의 표정변화가 수치로 기록되는데 어느 정도의 빈도로 어떤 표정을 짓는지 알 수 있는 구조다.

인간은 어떨 때 희로애락을 느낄까? 우리는 거울을 보면서도 자신이 어떤 표정을 짓고 있는지 분간하기 어려울 때가 많다. 이것을 안경형의 웨어러블을 통해서는 명확하게 계측할 수 있다. 아마도 하루 중 웃는 시간이 적게 계측된다면 웃는 횟수를 늘려야 한다고 생각할 것이다. 이러한 감정의 제어와 개선에 도움을 줄 수 있는 것이 어펙티브 웨어이다. 원래 이 개념은 MIT 미디어 랩의 로사린드 W. 피카드(Rosalind W. Picard)가 제창했던 '어펙티브 컴퓨팅(Affective Computing)'으로 컴퓨터과학, 심리학, 인지심리학 등을 응용하여 인간의 감정을 제어하려고 시도하였다. 그리고 이를 웨어러블에 응용하려고 현재 연구 중이다. 이처럼 웨어러블 컴퓨터는 신체증강을 위한 하나의 수단으로 인식되면서 응용의 폭을 더욱 넓혀 나가고 있다.

■

보철에서 증강으로

■

지금까지 살펴본 바와 같이 신체와 관련된 기술혁신은 보철에서 증강으로 커다란 방향전환을 하고 있다. 증강신체의 원점에는 인간이 강해지거나, 커지거나, 또는 행동범위를 넓히고 싶다는 원초적인 바람이 자리 잡고 있다. 게다가 의료 부문의 비약적인 발달로 인해 평균수명이 늘어나면서 신체 기능이 떨어지는 것을 보완하고 싶다거나, 또는 증강하고 싶은 수요가 커지는 건 시대의 흐름일 것이다. 제너럴 일렉트릭사의 하디맨이 등장했던 1960년대에도 건설현장 등지에서 큰 힘이 필요했던 시기였다. 이 점은 증강신체가 사회의 시대적 요구에 부응하고 있다고 말해도 무방할 듯하다. 또한, 웨어러블 컴퓨터의 등장도 증강신체 분야에선 획기적인 일이었다.

증강신체는 인터넷을 통한 정보기술의 혁신과 맞물려 새로운 지평을 열고 있다. 앞서 서술한 안경형 기기처럼 입력과 출력의 피드백 루프로 발생하는 정보를 통하여 새로운 신체감각을 만들어 낼 수 있다. 지금까지는 거울을 통해서만이 명확하게 의식할 수 있었던 표정이라는 정보나 여타 신체를 통해서는 획득하기 어려웠던 정보마저도 기계를 통해 얻을 수 있게 되었다.

여기서 생겨나는 의문점 하나가 있다. 도구와 증강신체를 구별하는 방법의 문제이다. 왜 파워 슈트나 의지, 그리고 안경 등을 도구가 아니라 증강신체라고 부르는가? 다음 장에서는 인간에게 어디까지가 도구이며 어디까지가 증강신체인지를 고찰해 보고자 한다.

어디까지가 증강신체인가?

뇌와 도구 사이에 존재하는 것

고무고무 열매(일명, 악마의 열매)를 대체하는 것

『원피스』의 주인공 몽키 D. 루피는 팔이 늘어난다. 자유자재로 늘어나는 팔을 이용하여 계속 쳐들어오는 적을 통쾌하게 물리치는 장면이 볼거리다. 필자가 추천할 필요도 없이 보기만 해도 가슴이 두근거릴 만큼 재미있는 만화다. 작품 속 루피는 초인계 악마의 열매인 '고무고무 열매'를 삼킨 이후 특별한 능력을 갖게 된다. 고무처럼 탄력성과 신축성을 지닌 팔과 신체는 증강신체나 사이보그에서 찾아볼 수 없는 루피 그 자체라 할 수 있다.

현실에서 손이 닿지 않는 나무 위에 바나나가 달려 있다고 가정해 보자. 당신은 어제부터 아무것도 먹지 못해 배가 고파 죽을 지경이다. 어떻게든 바나나를 먹어야만 한다. 그렇다면 여러분이라면 어떻게 할까? 밀짚모자를 쓴 루피가 팔을 힘껏 뻗어 바나나를 따기란 무척 쉬운

1999년부터 방영된 TV애니메이션 《원피스(ワンピース)》의 한 장면.

일일 것이다. 하지만 안타깝게도 악마의 열매는 현실에 존재하지 않기 때문에 인간이 팔을 늘려 바나나를 취할 수는 없다. 그렇다면 어떻게 해야 하는가?

인간은 고무고무 열매로 팔을 늘일 수는 없지만, 나무 위의 바나나를 얻는 방법을 알고 있다. 도구를 사용하면 간단하다. 긴 막대기 하나만 있으면 바나나를 톡톡 건드려 떨어뜨리면 될 것이다. 더욱이 TV 홈쇼핑의 단골손님인 '가지치기 가위'가 있다면 아무런 흠집 없이 가볍게 딸 수 있을 것이다.

인간은 도구를 사용할 줄 안다. 인간은 도구를 발명했기 때문에 체격으론 감당할 수 없는 맹수나 거대한 초식동물에게 이겨 왔다. 프랑스의 철학자 H. 베르그송이 언급했듯이 인간은 '호모 파베르(Homo Faber)', 즉 도구적 인간이다. 목적에 맞게 도구를 만들고 창조적으로 활동하는 살아 있는 존재이다.

■

스마트폰은 기록용인가, 기억용인가?

■

최근에는 도구가 신체 일부분으로 자리 잡아 가는 느낌이다. 이를 테면 스마트폰이 그렇다. 스마트폰의 등장 이후 '키워드만 알고 있으면 나중에 검색할 수 있다'며 인간의 기억력이 떨어졌다고들 하는데 실제로 실감하는 사람들이 적지 않다. 적어도 가족이나 친구들의 전화번호를 전혀 기억하지 못하는 사람들이 있기 때문이다. 자신은 그렇지 않다고 생각하는 사람은 친구들에게 물어보길 바란다. 그리고 가족의 전화번호를 금방 대답할 수 있는 사람도 생각보다 많지 않다.

스마트폰은 단지 기억의 영역인가, 증강된 인간의 기억영역인가, 이에 대해 앤디 클라크가 『타고난 사이보그』[5]에서 논했던 것처럼 파악하기 나름이다. 그러나 실제로 스마트폰으로 기억을 잃어버려 커다란 마음의 고통을 느끼는 사람들도 등장하고 있는 듯하다. 영국의 대중지 「더 선(The Sun)」지에 게재된 기사에 따르면 런던에 거주하는 68세의 남성이 '내 인생을 삭제당했다'며 애플사를 향해 5천 파운드의 보상을 요구하는 소송을 제기했다.

이 소송을 제기한 사람은 애플사의 스마트폰 '아이폰 5(iPhone 5)'를 애용했던 데릭 화이트다. 그는 어느 날 '단말기에 문제가 있습니다'는 표시가 스마트폰 화면에 나타나자 애플서비스센터를 방문해 수리를 요청했다. 수리는 금방 끝났고 스마트폰은 다시 정상을 되찾았지만, 그는

---

5 한국어판은 『내추럴-본 사이보그』, 신상규 역(아카넷, 2015).

2002년 개봉한 《마이너리티 리포트(Minority Report)》의 한 장면.

곧 단말기에 저장되어 있던 과거의 모든 데이터가 삭제되어 있다는 걸 알았다. 신혼여행 사진과 동영상, 그리고 연락처 등 15년 동안의 데이터가 사라졌다.

그는 '내 인생은 이 스마트폰에 담겨 있었다'고 인터뷰에서 밝혔다. 데이터가 삭제되었다는 걸 알았을 때 부부는 말할 수 없는 슬픔의 눈물을 떨궜다고 한다. 가족에 대한 그리움이나 기억을 마음속 깊이 간직하는 시대는 사라지고 있는지도 모른다. 과학기술이 발전을 거듭하고 있는 현재, 스마트폰을 잃어버린다는 것은 기억을 잃어버린 것만큼 엄청나게 고통스러운 것이다.

■

디지털 기기를 잃어버린 아픔

■

필자도 디지털 기기를 잃어버려 뼈에 사무치게 후회한 적이 있다. 학회에 참가하기 위해 미국을 방문했을 때의 일이다. 호텔에서인지, 행사장에서인지 잘 모르지만, 소니의 휴대용 게임기 PSP(Play Station Portable)

를 잃어버렸다. 고가의 휴대용 게임기를 잃어버린 것은 사회인으로서 그럭저럭 참을 만했지만, 그때까지 플레이했던 '몬스터 헌터'의 저장 데이터도 같이 잃어버렸다는 것에 가슴이 아팠다.

레벨을 올리기 위해 100-200시간 동안 게임에 매달려 쌓은 경험치와 어렵게 얻은 동료들을 잃어버린 아픔이란 말로 표현하기 힘들었다. 이렇게 게임기 본체를 잃어버린 것보다 몬스터 헌터의 플레이 기록을 잃은 것이 훨씬 더 가슴 아팠다. 그리고 당시 잃어버린 사실에 망연자실했으며 한동안 아무것도 할 수 없었던 것으로 기억한다.

기억을 지워 버리는 것으로 말하자면 톰 크루즈 주연, 스티븐 스필버그 감독의 《마이너리티 리포트》라는 미국 SF영화가 생각난다. 영화에서는 뇌의 기억을 바꿀 수 있다. 현실에서 만일 스마트폰 속에 흡사 사실처럼 가공한 사진을 한 장 섞어 놓는다면 우리는 과연 위조된 사진을 찾아낼 수 있을까? 1~2년 정도 지난 최근의 일이라면 몰라도 5년이나 10년 전 일이라면 상당히 애먹을 것이다. 이처럼 사진과 동영상으로 인간의 기억을 교묘하게 바꿔치기하는 사건이 앞으로 일어나지 말라는 법은 없다.

■

늘어난 듯 느껴지는 팔

■

도구를 신체 일부분으로 느낄 뿐만 아니라 의도적으로 신체와 하나인 듯 느끼게 할 수 있지 않을까? 『원피스』의 주인공 루피와 같이 팔이 없어도 팔이 늘어난 듯이 느끼게 할 수 있을지 모른다. 이런 일을 떠올

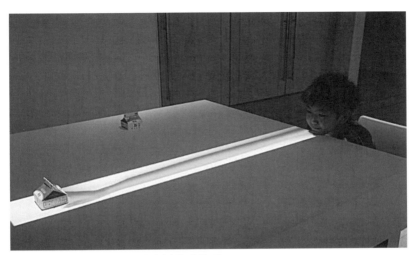

ぞ 〈ICC 키즈 프로그램 2008〉에서 전시된 「늘어나는 팔」.

리게 하는 사건이 있다. 2008년에 NTT의 인터커뮤니케이션 센터(ICC)에서 개최된 'ICC 키즈 프로그램 2008「그대의 신체를 변환시켜 보자」전'에서 전시되었던 「늘어나는 팔」이라는 작품이다. 사토 마사히코(현 도쿄예술대학 교수) 연구실의 졸업생들이 모체인 '유프라테스'가 제작하였다. '유프라테스'는 유명한 아동용 TV 프로그램인 NHK의 E텔《피타고라스위치》연구를 기반으로 창조적인 활동을 펼치는 모임이다. 이 '늘어나는 팔'은 손을 구멍에 넣으면 책상 위에 투영된 팔의 영상이 쭉쭉 뻗어 나가 멀리 있는 우유 팩에 닿을 듯이 보이며, 나아가 그 늘어난 팔로 구멍 끝에 있는 우유 팩을 만지는 듯한 느낌이 들게 한다.

이 특수효과의 원리를 살펴보면 구멍 속 가장 가까운 곳에 우유 팩을 설치해 둔다. 닿는 장소는 손이 미치는 범위이지 팔이 늘어난 것은 아니다. 그런데 이 '늘어난 팔'을 체험한 대부분 사람은 실제로 자신의 팔이 늘어난 것처럼 느꼈다고 말했다. 눈으로 보는 시각과 손으로 만지는 촉각의 연관성이 매우 강하다는 걸 실제로 증명한 작품이다. 그리고 팔이 늘어나는 영상에는 속편이 있다. 잠시 후에는 팔이 90도로 굽어지면서 그 앞에 있는 또 하나의 우유 팩에 닿는다. 이때도 마찬가지로 실제로는 팔을 굽히지 않았지만 스스로 팔을 굽혀서 우유 팩에 닿은 것 같은 감각을 느낀다. 실로 재미있는 체험이다.

신체 일부가 된 도구

인간은 '도구를 사용한다'란 사실 자체는 자신의 몸을 쓸 때와 같이 무의식적으로 이루어질 수 있다. 이를 생리학적으로 보여 준 것이 이화학연구소 뇌과학 종합연구센터의 이리키 아쓰시(入來篤史)가 실험한 일본원숭이가 도구를 사용할 때 뇌의 활동이다. 실험은 원숭이가 손이 닿지 않는 곳에 있는 먹이를 얻기 위해 작은 판자가 붙은 막대기를 어떻게 사용하는지 관찰하는 것이다.

처음에는 도구를 잘 사용할 줄 몰랐던 원숭이도 몇 주일 동안 사용 방법을 배우자 먹이를 손에 쥘 수 있었고, 그때 뇌 신경세포의 활동이 어떻게 변화하는가를 기록했다. 뇌의 두정엽에 있는 '바이모탈 뉴런'이란 신경세포는 2개의 서로 다른 자극에 반응한다. 신체의 어느 특정 부위에 물리적 힘이 닿았을 때와 동시에 특정 부위에 물체를 가까이하는 등의 시각적 자극을 가했을 때다. 바이모탈 뉴런이 지닌 후자의 성질을 이용하여 원숭이의 팔에 레이저 포인터를 쏘아 시각적 자극을 주고 도구를 학습하기 전과 후의 뇌의 반응을 조사하였다.

도구를 학습하기 전에는 막대기에 빛을 쏘아도 원숭이의 바이모탈 뉴런에 반응이 나타나지 않는다. 그런데 막대기를 사용하여 먹이를 먹는 실험을 몇 주 동안 진행한 후에 측정해 보면 팔에만 반응했던 바이모탈 뉴런이 막대기에 빛을 쏘아도 반응을 보였다. 학습 전에는 단지 그냥 도구에 불과했던 막대기에 원숭이의 신체감각이 확장된 것이다. 자세한 내용은 이리키의 저서 『도구를 사용하는 원숭이(Homo Faber)』(의학서원, 2004)를 찾아보기 바란다.

인간 역시도 서로 다른 감각기관으로부터의 정보를 종합한다는 것을 뇌신경 활동에서 보이는 혈류의 움직임과 반응을 시각화한 FMRI(Functional Magnetic Resonance Imaging, 기능적 자기공명영상) 등으로 확인할 수 있다. 만약에 앞의 실험을 한 원숭이처럼 인간에게도 적용한다면, 이 같은 인간은 도구 사용이 무의식화되고 도구 그 자체를 신체 일부분으로 여길 수 있지 않을까 한다. 그리고 이리키 씨는 원숭이를 이용한 실험에서 한 걸음 더 나아가, 도구인 막대기를 없앤 상태에서 원숭이의 손을 위에서 촬영한 영상을 원숭이에게 보여 주며 반응을 주시했다.

그러자 실제 손이 아닌 모니터 상의 손을 보고도 바이모탈 뉴런이 반응한다는 사실을 알아냈다. 또한, 모니터 상의 손 영상을 더욱 확대하면 반응하는 범위도 영상에 따라 넓어진다. 더욱이 도구를 지닌 상태에서 영상에서 나오는 손 부분만 제거하자 손이 아닌 도구 주변으로 반응 범위가 옮겨간다는 사실도 새로 알 수 있었다. 종합해 보면 모니터 상에서 움직이는 마우스 커서만으로도 반응이 확대할지 모른다는 것이다.

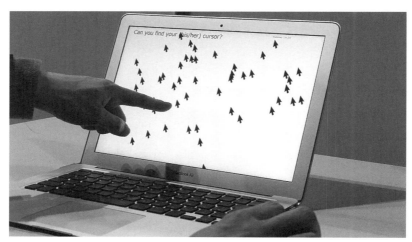

ꙮ 커서 카모플래시.

내가 쓰는 마우스 커서를 알아차릴까?

메이지대학교의 와타나베 게이타(渡邊惠太)가 웹사이트에 공개한 '비주얼 햅틱스(Visual Haptics)'[6]는 바로 마우스 커서가 독특한 신체감각을 느끼게 하는 세계임을 보여 준다. 끈끈이 같은 화상 위에서 커서의 동작이 끈적거리듯 붙어 있다거나, 물과 꿀이 등장하는 동영상 위에선 흡사 물과 꿀에 들어가 움직이듯 아주 둔하게 움직인다. 사이트에 접속해 마우스와 터치패드로 직접 시도해 보면 마치 화면의 마우스 커서에 몸이 올라타 움직이는 듯한 신체감각을 느낄 수 있다.

필자는 와타나베 등과 공동으로 마우스 커서의 동작을 신체 증강으

---

6 경험을 해보고 싶은 독자는 http://www.persistent.org/VisualHapticsWeb.html.

로 자리매김하기 위해 새로운 연구를 하고 있다. 스크린 상에 마우스 커서 더미를 표시하고 수많은 마우스 커서 중 어디를 클릭했는지 알 수 없게 한 '커서 카모플래시(cursor camoflash)'라는 구성이다. 이것은 범죄 수단 의 하나인 숄더핵(shoulderhack)을 방지하고자 고안되었다.

숄더핵은 어깨너머로 상대방의 키타입과 화면을 훔쳐보고 ID와 비 밀번호 등 중요한 정보를 빼내는 수법이다. 자동입출금기(ATM)에서 현 금을 인출할 때 필요한 인증번호라든가, 신용카드를 사용할 때 쓰는 암 호, 그리고 인터넷 뱅킹을 이용할 때 등 숄더핵으로 당하는 경우가 많 다. 이런 원시적인 수법에 대처하기 위해선 내 정보에 대한 세심한 주 의가 필요하다. 하지만 커서 카모플래시에서는 컴퓨터 스크린 상에 마 우스 커서 더미가 등장하여 어깨너머로 봐도 어떤 커서를 움직이는지 를 알 수가 없다.

그렇다면 작동하는 본인은 실제 어떤 커서를 움직이는지 어떻게 알 수 있는 것일까? 이것이 핵심이다. 커서 카모플래시를 작동해 보면 인 간에게는 실재 자신의 손을 움직이는 감각과 더불어 스크린 상의 자신 이 움직이는 마우스 커서를 느끼는 감각도 존재한다. 야구장이나 축구 장에 갔을 때 대형 스크린에 관람석이 비치면 손을 흔들어 자신의 모습 을 찾아본 경험이 있을 것이다. 인간에게는 '심부감각'이라는 스스로 자 세를 지각하는 감각이 있어서 자신이 어떤 행동을 하고 있는지를 감각 으로 느낄 수 있다.

이처럼 인간의 신체감각에서 아이디어를 얻어 새로운 안전시스템 을 고안해 보았다. 커서를 작동하는 본인은 다른 사람의 커서가 동시에 작동하더라도 자신의 신체감각으로 금방 자신의 커서가 어떤 것인지 알 수 있다. 하지만 다른 사람은 여러 방향으로 움직이는 많은 커서 속에서 마우스를 조작하고 있는 사람이 움직이는 커서를 정확히 판별하기란 상당히 어려운 일이다.

■
뇌는 새로운 신체를 받아들일 수 있다
■

도구의 구체화를 쥐를 이용하여 진행한 흥미진진하고 중요한 실험이 있다. 미국 뉴욕주립대학의 존 샤핀(John Chapin) 교수 등이 1999년에 실행한 실험이다. 먼저 지렛대를 누르면 물을 받아 낼 수 있는 로봇을 이용하여 쥐에게 발로 지렛대를 누르면 물을 마실 수 있다는 사실을 가르친다. 다음엔 지렛대를 조작하기 직전에 작동하는 뇌의 신경세포로

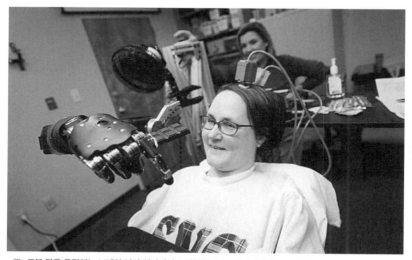

🐲 로봇 팔을 움직이는 브레인 머신 인터페이스 실험(University of California Medical Center).

1971년 「주간 소년 챔피언」에 연재된 『바벨 2세(バビル2世)』의 한 장면.

부터 신호를 검출하고, 신경세포가 작동할 때에 보낸 뇌신호를 바탕으로 로봇 팔이 작동하여 물을 마실 수 있게끔 프로그램을 구성하였다. 이후 무슨 일이 벌어졌을까? 쥐는 처음에는 발로 지렛대를 눌러 물을 마시다가 이윽고 발을 움직이지 않아도 머리로 생각만 하면 로봇 팔이 움직인다는 사실을 알아차린 듯했다.

이는 뇌신호를 해독함으로써 뇌(생각)와 기계의 직접적인 정보전달이 가능하다는 '브레인 머신 인터페이스(Brain-Machine Interface)'라는 연구로 세간의 주목을 한몸에 받은 유명한 실험이다. 요코야마 미쓰테루의 『바벨 2세』와 같이 앞으로는 염력(念力)으로 물건을 움직이는, 이른바 사이코키네시스(Psychokinesis)의 세계가 실현될 미래를 상상해 볼 수 있다. 그 후에도 브레인 머신 인터페이스에 대한 연구는 세계적으로 활발하게 진행되어 원숭이가 생각하는 힘만으로도 로봇 팔을 움직인다거나, 컴퓨터 커서를 작동시키는 것 같은 실험이 성공하였다. 이러한 연구의 실험 결과가 말해 주는 사실은 인간의 신체감각이 변화할 수 있다는 것이다.

자신의 신체감각은 어느 정도의 위치에 있으며 얼마큼 성장했을까?

체성감각[7]에 따른 인간의 신체감각은 나이에 따라 변한다. 작다고만 여겼던 어린이도 몇 년이 지나면 어느새 어깨가 벌어지고 체중도 증가한다. 예를 들어 1년에 10cm씩 어깨가 벌어진다면 그에 따라 성장한 키와 체중으로 인해 신체감각도 변한다. 그리고 노년에 이르면 나이로 기능이 떨어진 신체에 맞는 신체감각이 있으며, 이는 어린이의 신체감각과 크게 다를 것이다. 결국, 생물체의 신경에는 외부의 자극으로 변화를 일으키는 가소성(可塑性)이 있다. 그래서 뇌는 새로운 신체의 형태와 감각을 받아들일 수 있다는 결론에 도달한다. 이처럼 인간이 새로운 신체를 획득하여 마음껏 제 기능을 발휘할 수 있을지도 모른다는 가능성을 실험을 통해 확인할 수 있다.

■

동작은 언어표상(言語表象)이 가능한가?

■

브레인 머신 인터페이스의 발상을 엔터테인먼트와 결합시킨 것이 '네코미미(Necomimi)'이다. 이름 그대로 고양이 귀 모양을 한 헤드기어를 쓰고 이마에 장착한 센서에서 읽어 낸 신호가 고양이 귀를 움직여 서로 의사소통을 하는 재미있는 제품이다. 게다가 의도대로 고양이 귀를 움직이려는 게 목적이 아니라 당사자도 의도하지 못한 동작이 소통의 계기가 되는 뜻밖의 효과를 가져다주기도 한다. 2011년에 미국 「타임」지의 '세계의 발명 베스트 50'에 선정되는 등 세계적으로 화제를 모았던

---

7 체성감각(somesthesis, 體性感覺)은 신경계에 의해 전달되는 감각을 말한다. 피부로 전해지는 '피부감각(표면감각)'과 신체 내의 각종 감각 수용기에 전달되는 '심부감각'으로 나눈다.

제품이다. 확실히 '생각'만으로도 무엇을 작동시킬 수 있다는 것은 SF 같아서 멋있고, 대부분 '브레인 머신 인터페이스는 훌륭하군!' 하고 칭찬하겠지만, 진정 최선의 인터페이스인가 하는 의문에는 냉정한 판단이 필요하다고 필자는 생각한다.

1982년에 개봉된 미국영화 중 클린트 이스트우드가 감독과 주연을 맡은 《파이어 폭스》란 작품이 있다. 미국과 소비에트 연방(소련)이 대립했던 냉전체제를 배경으로 전반부에는 스파이 활동이, 그리고 후반부엔 전투기의 공중전이 전개되는 영화다. 소련이 고성능 신형전투기인 파이어 폭스를 개발한다는 정보를 미국이 입수하고 클린트 이스트우드가 적의 비밀기지에 잠입하여 그 전투기를 빼낸다는 내용이다. 브레인 머신 인터페이스 기술로 조작되는 신형전투기 파이어 폭스는 러시아어만 사용할 수 있어서 클린트 이스트우드가 러시아어에 능숙한 비행사로 나온다.

이 설정을 지금 되돌려 냉철하게 생각해 보면 브레인 머신 인터페이스가 담고 있는 과제의 본질을 잘 파악하고 있다고 생각한다. 요컨대 행동은 어디까지 '언어표상'이 될 수 있는가 하는 문제이다. 왼쪽, 오른쪽을 가리키는 단순한 문제라면 문화와 관계없이 식별할 수 있을지 모르는데 미국인이 '컵을 오른손에 들고 물을 마신다'고 생각할 때, 러시아인도 같은 생각을 한다고 해서 결과적으로 뇌신경이 똑같이 작용했다고 할 수 있을까? 마찬가지로 『신세기 에반게리온』에서도 주인공 아스카가 에반게리온 초호기를 독일어로 작동하는 장면이 있다. 이처럼 언어에는 문화적인 차이도 있으며 반드시 같은 형태로 뇌신경이 작용한다고 할 수는 없을 것이다.

■

신체에 구속된 뇌

■

뇌파도 계측방법에 따라 이용 가능성이 다르다. 쥐와 원숭이의 실험에선 두개골에 구멍을 뚫어 뇌에 직접 전극을 붙이는 방식이기 때문에 상당히 세밀하게 계측할 수 있지만, 네코미미와 같이 머리 표면에 센서를 붙이는 방식은 한정된 영역의 근전위와 안전위 및 뇌파가 서로 뒤섞인 생체신호를 계측하는 정도에 만족할 수밖에 없다. 이 경우 계측한 신호는 전자기기에서 기계학습을 거치고 신호의 수치에 따라 개략적인 인간의 상황을 추정할 뿐이다.

원래 우리들의 사고활동은 신체에 의해 규정된다. 빠른 말이 좋은 예이다. 입을 움직이지 않는데 소리가 나올 리 없듯이 머릿속에서 아무리 말을 빨리 한들 소용이 없다. 우리의 사고가 실제로는 신체의 제약을 받고 있기 때문이다. 그 외에 신체적인 제약을 잘 이해할 수 있는 예를 들어 보자. 뇌를 단련하는 트레이닝, 소위 뇌훈련에서 '심적 회전'[8]이란 분야가 있다. 컴퓨터 게임 '테트리스'처럼 이차원, 또는 삼차원의 블록이 등장하고 이 블록과 같은 모양의 블록을 주어진 사진 속에서 골라내는 문제이다. 그리고 문제를 풀기 시작한 시점부터 답을 구할 때까지의 시간을 측정한다. 그런데 물체의 방향이 정답과 정반대 방향을 향해 있다면 답을 찾기까지 시간이 걸린다. 인간이 머릿속에 있는 것을 회전시키는 각속도(회전 속도)에는 한계가 있다. 만일 차이가 심한 2개를 나란히 두고 위치가 틀린 경우 등을 찾는 문제라면 쉽게 답을 구할 수 있지만, 각도가 어긋나 있는 경우엔 각도 차에 따라 시간이 걸린다.

이러한 사례에서 알 수 있는 건 어느 정도 브레인 머신 인터페이스가 됐다고 해서 SF처럼 인간의 사고를 초월한 조작이 가능할지는 별문제라는 것이다. 그만큼 뇌와 신체의 관계성은 견고하다 할 수 있다. 하지만 만일 태어나는 순간부터 선천적인 감각능력을 초월하여 증강신체를 사용할 수 있는 '증강신체 네이티브'가 등장한다면, 브레인 머신 인터페이스는 새로운 단계로 발전할 수도 있을 것이다.

---

8 심적 회전(心的 回轉, mental rotation)은 시각 심상의 두뇌 조작의 한 형태로 내적 이미지를 평면적, 또는 입체적으로 회전시키는 조작을 말한다.

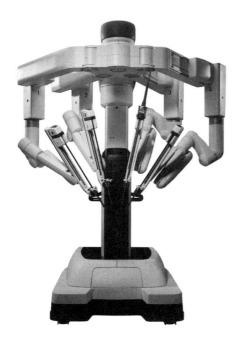

🐌 인튜이티브 서지컬의 수술용 로봇 다빈치.

지도는 진행 방향이 항상 위로 향한다

심적 회전의 각속도에 한계가 있다는 사실은 의외의 곳에서도 보인다. 스마트 폰에서 지도를 볼 때를 떠올려 보자. 대부분 지도에서 사람과 차의 진행 방향을 위로 향하게 하였다는 것을 알 수 있다. 이는 인간 두뇌가 지도를 회전시키는 데 부담이 있어 지도를 보고 생각하는 시간을 줄이기 위해서이다. 단시간에 훈련한다고 해서 진행방향이 변화된 지도를 쉽게 볼 수는 없다. 아마도 이 경우 사용자 대부분이 전전긍긍

하는 모습을 보일 것이다.

　연구 목적으로 대학병원의 내시경 수술에 입회한 적이 있었다. 치료를 위해 환자의 배에 작은 구멍을 내고 카메라를 넣어 보면서 치료기구를 조작하는 것이 내시경 수술이다. 여기서 수술대에 가로로 설치된 모니터에서 의사는 환자와 같은 위치에서 카메라 영상을 보게 되어 문제가 되었다. 그래서 위치가 다소 어긋나더라도 눈앞에 모니터를 두고 의사가 모니터를 보는 시선이 위에서 아래로 향하게 하였다. 각도가 있으면 모니터를 보는 '인지부하'[9]가 높기 때문이다. 만일 이 같은 수술이 잘되지 않은 것을 두고 의사의 수술 실력이 부족하고 미숙하니 더욱 열심히 노력해야 한다고 하면 본말전도라고 할 수 있다. 핵심은 수술에 집중할 수 있도록 의사의 인지부하를 낮춰 주는 것이다.

　수련을 통하여 전체 수술 시간을 단축할 수 있을지는 몰라도 신속하고 빠른 판단이 필요한 수술 중이라면 잠시의 머뭇거림은 곧 환자의 생명과 결부될 것이다. 그렇다면 모니터를 보는 각도를 의사에게 맞춰 주는 것으로 간단하게 해결할 수 있다. 이러한 사실은 새로운 제품 개발에 활기를 불어넣고 있다. 미국의 인튜이티브 서지컬(Intuitive Surgical)사가 개발한 수술용 로봇 '다빈치(daVinci)'는 내시경의 위치와 수술기구를 지닌 로봇의 위치가 조작자인 의사의 눈과 손의 위치에 맞춰 정확하게 설계되어 있다. 그래서 심적 회전의 부하가 적어 의사가 작업에 집중할 수 있다.

---

9 인지부하(Cognitive Load)는 처리해 낼 수 있는 정보의 양보다 처리해야 할 정보가 많은 상태를 가리킨다.

BERLIN'S WONDERFUL HORSE

He Can Do Almost Everything but Talk—
How He Was Taught.

Special Correspondence THE NEW YORK TIMES.
BERLIN, Aug. 23.—In an out-of-the-way part of the German capital a horse is now shown which has stirred up the scientific, military, and sporting world of the Fatherland. It should be said at the very outset that the facts in this article are not drawn from the imagination, but are based upon true observations and

became signs for visible objects, and he used footsteps as signs for his perceptions, according to the same psychic laws as we use a language to make others understand.
After Herr von Osten had taught Hans this simple sign language, the foundation for further education was established. He put before him gold, silver, and copper coins, and taught him to indicate gold

three times is also able to signs. Wh a one-mark he moves his piece twice, & Hans is an able to figur rectly the nu &c. When as in 7 be stamp the fraction written unde board and be answers corr
Hans is officers stand
A remarkable An officer wa told, " That hour later th horse picked blackboard. having the n

 똑똑한 말 한스에 대한 1904년 뉴욕타임스 기사.

똑똑한 말(馬) 한스는 미리 계산되었다?

증강신체를 어떻게 제어하고 조작하면 좋을까? 만일 그런 장치가 만들어진다면 브레인 머신 인터페이스와 같이 뇌활동을 측정할 필요도 없다. 신체는 우리가 자각하지 못하는 곳에 다양한 정보를 간직하고 있다. 이를 읽어 내 조작과 제어에 활용하는 편이 훨씬 효율적이며, 더 복잡한 동작도 가능하리라 여겨진다. 신체가 지닌 수많은 정보의 예를 몇 가지 소개한다.

19세기 말 독일에는 간단한 계산문제를 풀 수 있는 능력을 지닌 '똑똑한 말(馬) 한스(Clever Hans, der Kluge Hans)'라 불리는 유명한 말이 있었다. 한스는 주인이 내는 간단한 계산문제를 발굽으로 땅을 차는 횟수로 답을 하곤 했다. 처음에는 당연히 한스가 계산능력이 있는 말이라고 믿었는데 심리학자인 오스카 펑스트(Oskar Pfungst) 등이 속임수라는 걸 해명하였다. 확실히 한스는 똑똑했다. 다만 계산능력이 있었던 것이 아니라 주인의 분위기를 읽어 내는 데 천재였다. 한스는 발굽을 차는 횟수가 정답에 가까워지면 주인과 관중이 무의식적으로 드러내는 표정과 몸짓의 변화를 민감하게 느끼고는 땅을 차는 것을 멈췄다. 여기서 보면 인간의 신체는 은연중에 그런 정보를 제공하고 있다. '없다 해도 누구나 일곱 가지 버릇은 있다'는 속담처럼 버릇이 없을 것 같은 사람도 나름의 버릇을 지니고 있다. 우리는 무의식적으로 감정과 사고를 신체의 동작으로 표출한다.

또 하나의 예로, 스포츠 과학 연구원이자 마이너리그 투수로 활약했던 인물이 있다. 게이오기주쿠대학교의 가토 다카아키(加藤貴昭)가 필자의 연구실을 방문했을 때의 얘기다. 가토는 베테랑 타자가 '투구의 코스를 통해 구질을 파악한다'는 이유를 알고 싶어 했다. 그래서 '투수를 투명한 존재로' 처리해 보았다. 투수를 투명하게 처리하면 타자는 투수의 투구 동작을 볼 수 없다. 이를 통해 타자가 투구 코스를 통해 구질을 파악하는지, 투수의 동작에서 파악하는지를 알 수 있다. 실제로 타자석에 카메라를 설치하고 투수가 등장하는 영상과 투수를 투명 처리한 영상을 각각 선보여 타자가 구질을 어느 정도 파악하는지 실험하였다. 결과는 역시 투수의 동작을 본 타자가 높은 확률로 구질을 파악할 수 있었다. 타자는 무의식적으로 공이 아니라 투수의 투구 동작 중 미세한 차이를 관찰하고 있었다는 사실이 밝혀졌다.

뇌가 아닌 신체로 조작할 때의 이로운 점

이러한 무의식적인 신체 동작을 행동예측에 활용하려는 시도도 있

ϟ 메르세데스 벤츠의 어텐션 어시스트.

다. 오사카대학교의 마에다 다로(前田太郎)는 가위바위보 할 때 나타나는 손목과 팔꿈치 관절의 정보를 센서로 수치화하여 컴퓨터에 저장한 다음, 가위바위보 승부를 예측하여 85%~95%의 확률로 이길 수 있는 결과를 내는 데 성공했다.

독일의 메르세데스 벤츠사는 피곤하면 지각능력이 떨어져 대처반응이 늦어지기 때문에 사고를 내는 운전자가 많다는 사실에 주목하여 그것을 사전에 알 수 있는 시스템을 연구하였다. 처음에는 브레인 머신 인터페이스로 운전자의 졸림과 피로를 추정하는 연구를 진행했다. 그러나 실제로는 핸들 조작 등의 운전 동작을 해석하는 것만으로도 운전자의 상태를 추정할 수 있다는 사실을 발견하고 이를 '어텐션 어시스트(Attention Assist)'라는 기술로 실용화하였다.

이처럼 우리 신체는 뇌가 발신하는 미세한 신호를 증폭하는 '고성능 앰프'와 같은 것이다. 브레인 머신 인터페이스도 중요한 연구지만 결코 최선의 방법이라 할 수는 없다. 안구를 측정한 안전위와 근육을 계측한 근전위 등 많은 미세한 신호가 신체에 있으며, 이를 조작하고 제어하여 활용하는 편이 간편하며 인터페이스로서도 효율적이다. 필자는 신체를 이용한 인터페이스 실험을 통해 최근에는 '센스킨(SenSkin)'이란 것을 개발하였다. 손목에 반사형 센서가 부착된 2개의 밴드를 차고 자신의 팔을 터치패널 삼아 손가락으로 팔을 건드리면 스마트폰 등 전자기기를 조작할 수 있다.

센스킨은 손목을 만질 때의 손가락과 손의 반사율을 측정한다. 가령 스마트 워치 등의 전자기기는 화면이 작아 조작하기가 어렵다. 반면 센스킨은 인간의 팔 자체를 인터페이스로 해결하려는 시도이다. 가장 큰 특징은 화면을 주시하지 않고도 조작할 수 있다는 점이다. 일반적인 터치패널은 스크린 위에 직접 터치하여 조작하는 인터페이스이다. 만일 그 화면이 자신의 어깨에 있다면 손가락이 닿는 어깨를 느끼는 것뿐만 아니라 어깨가 닿아 있는 손가락의 위치를 느낄 수도 있다. 이처럼 신체의 표면이 터치패널 스크린 역할을 한다. 피부로 느껴지는 자극이 2개이기 때문에 조작을 정확하게 하고 눈의 인지부하를 제거할 수 있는 이점이 있다. 안전위나 근전위에 국한되지 않고 신체 표면의 촉각을 조작에 이용하는 등 앞으로도 신체를 활용한 다양한 인터페이스가 등장하리라 예상된다.

신체화한 도구

지금껏 어디까지가 도구이고 어디까지가 증강신체인지를 살펴보았다. 결론은 인간이 길들인 도구는 신체화한다는 것이다. 자신의 신체처럼 자유자재로 다룰 수 있을 때, 도구는 인간의 뇌를 통해 신체 일부분으로 자리 잡는다.

한편 브레인 머신 인터페이스의 언어표상이나 빠른 말에서 알 수 있듯이 인간이 본래의 신체감각을 초월한 증강신체를 갖는다는 건 어렵다. 뇌와 신체의 밀접한 관계성 때문에 증강신체는 현재의 신체감각 연장선에서 만들어질 것으로 생각한다. 따라서 앞 장에서 살펴보았듯이 보철의 연장 선상에서 증강신체가 등장하는 것도 일리가 있다. 그런데 이 장의 주제였던 도구는 신체의 외부에 존재한다. 그러니까 '어디까지가 증강신체인가?' 하는 의문이 생긴다.

인간이 자신의 신체라 여기고 있는 것은 당연히 자신의 신체이며 내부에 존재하는 것이다. 상식적으로 생각하면 자신의 신체가 무엇인지를 모르는 사람은 없다. '당신의 신체는 무엇인가?'라는 질문에는 누구나 자신의 신체를 가리킬 것이다. 하지만 다음 장을 살펴보면 그 확신도 조금은 흔들릴 것으로 생각한다. 다음의 주제는 '어디까지가 신체인가?'이다.

어디까지가 신체인가?

애매모호한 신체의 경계선을 찾아서

거꾸로 안경으로 보는 세계

평상시엔 의식할 수 없는 신체의 역할을 느낄 수 있게 해 주는 것으로 '거꾸로 안경'이란 것이 있다. 렌즈 대신 프리즘이 끼워진 이 안경은 이름 그대로 끼고 있으면 위아래가 거꾸로 보인다. 천정이 아래로 마루가 위로 보인다는 말이다. 이 거꾸로 안경은 심리학에선 유명한 것으로 미국의 지각심리학자인 G. M. 스트래턴이 시작한 실험이다.

처음에는 제대로 할 수 있는 게 아무것도 없다. 걷거나 계단을 오르려고 하면 무중력 상태에 있는 것 같은 기분이 들어 이상하다. 글을 쓰거나 식사를 하는 것도 도무지 자유스럽지 못하다. 그래서 글은 눈을 감고 쓰는 듯하고 컴퓨터 키보드도 손가락 끝의 감각만으로 타이핑하는 터치 타이핑(touch typing)을 하는 듯하다. 이러한 체험을 통해 알 수 있는 건 우리들의 시각과 촉각이 신체와 긴밀히 연관되어 있다는 사실이다. 거꾸로 안경은 시각과 신체를 움직이는 감각을 완전히 차단함으로써 일상생활에서 당연하게 여겨 왔던 것이 실은 그렇지 않다는 걸 깨닫게 한다. 인지과학과 인지심리학에 뜻을 둔 사람은 입문과정으로 2주일 동안 이것을 쓰고 생활한다고 한다. 그리고 사람에 따라 차이가 있지만 1-2주 정도 되면 거꾸로 안경에 익숙해져 자전거를 타거나 공놀이를 할 정도로 적응한다.

■

고무손에 느껴지는 통증

■

마찬가지로 신체의 역할을 알 수 있게 하는 유명한 심리학의 실험에 V. S. 라마찬드란(Ramachandran)의 『뇌 속의 유령(Phantoms in the brain)』[10]에 등장하는 '고무손 착각현상(Rubber Hand Illusion)'이 있다. 이 실험의 순서는 우선 피험자가 직접 볼 수 없는 곳에 손을 두게 하고 눈으로 볼 수 있는 범위에 손과 똑같이 생긴 고무손을 둔다. 그리고 다음 순서가 중요한데 피험자에게 고무손을 보라고 요구하면서 고무손과 피험자의 손 모두 같은 곳을 붓으로 쓸어 낸다. 요컨대 시각과 촉각 양쪽에 자극을 주는 것이다.

고무손 착각현상에는 여러 가지 변형이 있는데 어떤 실험에서는 몇 분 동안 붓으로 고무손과 진짜 손을 자극한 다음 잠시 뜸을 들인 후 눈을 감고 '당신의 손은 어느 것입니까?'라고 묻는다. 그러면 고무손을 가

---

10 한국어판은 『라마찬드란 박사의 두뇌 실험실』(바다출판사, 2007).

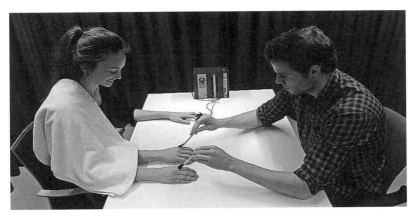

ꝏ 고무손 착각현상 실험(www.livescience.com).

리킨 사람이 많다고 한다. 이는 시사하는 바가 매우 크다. 어느새 자기 손에 대한 의식이 모형 손으로 옮겨진 것이다. 또한, 이를 응용한 실험으로는 같은 순서로 고무손과 진짜 손을 몇 분 동안 붓으로 쓸어 낸 다음 갑자기 망치로 고무손을 내려친다. 그러면 진짜 손을 망치로 때렸다고 여긴 대부분 사람이 뛸 듯이 놀라 자신도 모르게 손을 끌어당긴다.

뇌과학자이자 신경과 의사인 라마찬드란의 연구는 사고나 질병으로 손과 발을 잃은 사람이 있지도 않은 손발을 마치 있는 것처럼 느끼는 '헛팔다리(phantom limb)'를 해명한 것이다. 헛팔다리를 지닌 환자는 절단된 부위에 심한 통증을 느끼는데 이를 환상통이라 한다. 그의 연구는 이 환상통을 어떻게 치료할 것인가가 과제였다. 이미 사라진 부위에 통증을 느끼기 때문에 마약같이 강한 진통제도 효과가 없다. 이처럼 환상통은 물리적인 통증과 신체가 느끼는 통증이 다르다는 것을 말해 주고 있다.

환상통에 대한 치료는 자신의 팔다리가 아직 몸에 붙어 있다는 의식을 심어 주며 천천히 적응할 수 있도록 한다. 거울로 만든 상자를 이용해 잃어버린 팔다리의 위치를 상자로 숨기고 다른 한편으로 정상적인 팔다리를 거울에 비춰 준다. 그리고 그 손에 자극을 주어 시각적·촉각적으로 잃은 팔다리가 있는 것처럼 인식시킨다. 그러면 뇌는 헛팔다리를 실제로 있는 것처럼 느끼며 불안한 상태에서 안정을 찾게 된다.

■

모호한 신체의 경계선

■

요즘 들어 어쩌면 고무손이라는 물리적인 존재가 아니더라도 자신의 신체라고 믿게끔 하는 새로운 실험이 등장했다. 고무손 착각현상이 진화한 형태로 고무손 대신 투명한 손을 사용하는 '투명한 손 착각현상(Invisible Hand Illusion)'이라는 실험이다. 실험과정은 앞장에 살펴본 고무손 착각현상과 동일하다. 차이점이 있다면 고무손을 사용하지 않는다는 점이다. 그 대신에 투명한 손이 흡사 그곳에 존재하듯 붓으로 쓸어내는 동작을 한다. 제삼자 입장에선 이해하기 힘든 실험으로 보일 것이다. 결과는 어떨까. 역시 그 '투명한 손'으로 인간의 신체 형상이 옮겨진다는 보고가 있다. 이제는 고무손과 같은 시각적인 자극조차 필요치 않다. 인간의 신체형상을 어디까지 변화시킬 수 있을지 그 무한한 가능성을 느끼게 하는 실험이다.

이 실험을 통해 어디까지가 자신의 신체인지 그 경계선이 지극히 모호하다는 걸 알 수 있다. 누구든 자신의 신체는 자신의 것이라고 느끼고 있지만 정말 그런가? 가령 '가위눌림'이란 것이 있다. 취침 중에 의식은

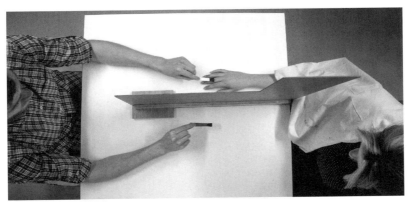

🐚 **투명한 손 착각현상 실험(phenomena.nationalgeographic.com).**

분명한데도 신체를 마음대로 움직일 수 없는 경우를 말한다. 이는 전 세계 어느 곳에서든 볼 수 있는 현상이다. 서양에서는 악마의 소행이라고 여기는 사람들도 있다. 하지만 가위눌림은 수면 중에도 뇌가 활발하게 활동하는, 이른바 꿈을 꿀 때의 렘수면 시에 일어난다고 알려졌다.

렘수면의 '렘'은 'Rapid Eye Movement'의 머리글자를 따 'REM'이라 하며 눈이 바쁘게 움직이고 있는 상태를 말한다. 신체는 이완되어 있는 상태지만 뇌가 활동하고 있는 각성상태일 때를 렘수면이라 부른다. 그 반대현상은 논(None)렘수면이라 부른다. 실제로 경험해 본 사람이라면 알 수 있는 감각으로 이러한 가위눌림일 때 자유롭지 않다고 느꼈을 것이다. 이때는 뇌와 신체가 접속이 끊어져 있는 상태로 신체를 움직이려고 해도 움직이는 게 불가능하다. 유사 사례로 같은 자세로 오랜 시간 동안 앉아 있다 보면 발이 저려 만져도 아무런 감각이 없고 자신의 발이라고 느낄 수 없는 순간이 있다. 이럴 때 신체가 자신의 것이 아닌 듯한 느낌을 받을 것이다.

■

자신의 신체는 0.2초까지

■

어디까지가 자신의 신체인가? 이러한 신체 경계선을 '시간축'을 기준으로 찾으려는 재미있는 연구가 있다. 여기서는 '간지럼 태우기' 방법을 사용한다. 어린 시절 발바닥이나 겨드랑이에 간지럼을 태우며 놀았던 적이 있을 것이다. 간지럼 태우기가 재미난 점은 자신이 자기 몸을 간지럽힐 때는 전혀 간지럽지 않다. 본인이 스스로 간지럼 태울 때와 다른 사람이 할 때 반응이 다르다. 따라서 간지러운지, 안 간지러운가를 놓고 자기 자신인지, 다른 사람인지를 판별할 수 있지 않을까?

이에 대해 영국의 인지신경과학자인 사라 제인 블레이크모어(Sarah-Jayne Blakemore)는 흥미진진한 실험을 시도한다. 피험자가 스스로 간지럼을 태워도 전혀 웃지 않는다는 사실을 확인한 다음, 타인이 간지럼을 태웠을 때 웃음이 터지는 사람들을 모았다. 그리고 간지럼을 태우는 것을 본인도 타인도 아닌 로봇이 하게끔 하였다. 피험자가 조이스틱을 작동하면 로봇 팔에 부착된 붓이 피험자를 간지럼 태우는 구조이다. 물론 처음에는 다른 사람에게 조이스틱을 사용하게 하여 확실히 간지럼을 느끼는지 어떤지 확인하는 것으로 실험이 시작되었다.

다음으로 자신이 조이스틱을 쥐고 자신에게 로봇 팔에 달린 붓을 움직였다. 여기부터가 이 실험의 핵심인데 조이스틱을 작동하기 위한 입력과 로봇 팔이 움직이는 출력까지 얼마간의 시차(지연)가 있다. 결과적으로 시차가 없을 때는 간지럼을 느끼지 않았던 사람도 시차가 0.2초를 넘기자 간지러움을 느끼기 시작했다는 사실이 드러났다. 요컨대 본인이 조작한 신체가 어느 정도 시간이 지나자 자기 신체가 아닌 것으로 바뀐 것이다.

이 실험을 통해 인간이 자신의 신체라고 느끼는 경계선은 공간에서뿐만 아니라 시간에서도 존재할 가능성이 있음을 시사해 주고 있다. 게다가 이 실험에서는 로봇 팔에 부착한 붓을 조금씩 세로로 세워 가며 움직이자 거의 직각에 이르렀을 때 간지러운 정도가 한층 증가하는 것도 확인할 수 있었다. 시간의 폭뿐만 아니라 각도를 어떻게 하느냐에 따라 자신의 신체를 다른 사람의 신체처럼 느낄 수 있다는 사실을 알려주고 있다. 한편 앞서 서술한 필자의 연구과제 '커서 카모플래시'에서도 마우스 작동과 커서 움직임 사이의 시차가 0.2초를 지나자 자신이 작동하는 커서를 찾기가 어렵다는 사실이 발견되었다.

스피치 재머(Speech Jammer)라는 대발명

앞서 살펴보았듯이 신체는 공간뿐만 아니라 0.2초라는 시간 차이로도 경계선의 폭을 지니고 있다는 사실을 알 수 있었다. 이 깨달음은 '소리'에도 똑같이 적용된다. 이러한 사실은 유머 넘치는 과학연구로 주목받아 '이그 노벨상'을 수상한 '스피치 재머(Speech Jammer)'라는 것을 통해 볼 수 있다. 이것은 수다스러운 사람을 침묵하도록 만드는 장치이다. 그 이름의 유래는 방해를 의미하는 영어 '잼(jam)'과 방해를 뜻하는 일본어 '쟈마(邪魔)'를 합친 속어이다. 이 스피치 재머 앞에만 서면 누구든 입을 다물 수밖에 없다.

🔄 이그 노벨상을 수상한 스피치 재머.

발명품의 구성은 상대방이 이야기하는 소리를 마이크에 담아 얼마 간 시차를 두고 방향성을 지닌 지향성 스피커로 소리를 낸 당사자에게 되돌려 보내는 것이다. 그리고 그 시차 간격이 약 0.2초이다. 스피치 재머의 스피커는 약 30m 떨어져 있는 사람에게도 소리가 닿는다. 실제로 당해 보면 확실히 입을 다물 수밖에 없어 신기하다. 세간에서는 '이제 겨우 그 시끄럽던 녀석을 조용하게 만들 수 있겠군!' 하는 칭찬(?)이 자자하다고 한다. 왜 자신의 소리를 시차를 두고 되돌려 듣게 되면 말하기 어려워지는 걸까?

이는 사람이 소리를 내고자 할 때 출력과 동시에 자신의 귀로도 듣는 뇌 작용 때문이라고 생각할 수 있다. 스피치 재머는 이를 인위적으로 지연시켜 뇌 속에서 처리할 때 뭔가 불편함을 느끼게 하여 원활하게 이야기할 수 없도록 한 것이다. 이것이 '청각 지연 피드백(Delayed Auditory Feedback)'이란 가설이다. 스피치 재머의 개발자인 쓰다주쿠대학교의 구리하라 가즈타카(栗原一貴)와 하코다테 미래대학교의 쓰가타 고시(塚田浩二)는 이 시스템으로 '청각 지연 피드백을 이용한 발화 장애의 응용 시스템'이란 논문을 썼다.

휴대전화로 말할 때 소리가 높아지는 이유

휴대전화로 말할 때 종종 자신도 모르게 소리가 높아지는 이유도 청각과 성량의 피드백 때문이다. 사람을 만나 이야기를 나눌 때 상대방과 거리가 너무 멀거나 주변이 소란스러워 소리가 잘 들리지 않으면 자기도 모르게 소리를 높이는 것을 '청각과 성량의 피드백'이라 한다. 통화 시 상대방의 소리가 작으면 주변 상황과 관계없이 반사적으로 소리가 커진다. 최근에는 주변 음량에 맞춰 볼륨을 자동으로 조절하는 기능이 쓰이고 있다.

이와 관련하여 소리의 시차로 인한 불편함이 처음으로 문제가 된 것은 국제전화이다. 거리가 먼 경우 생기는 미묘한 소리 지연 현상으로 이야기를 나누기가 어려웠다. 이에 따라 국제전화를 걸 때 필요한 '에코 캔슬러(Echo Canceller)'가 개발되었다. 에코 캔슬러는 지금도 '스카이프' 등 메신저를 이용한 온라인 회의 시스템에 쓰이는 기능이다.

이렇게 보면 소리도 신체 일부분으로 파악할 수 있을 법하다. 소리를 내기 위해 신체를 사용할 필요가 있는데 일상생활에서 이것을 의식하기는 그리 쉽지 않다. 그런 의미에서 스피치 재머는 소리도 신체에 근거하고 있다는 사실을 밝혀낸 훌륭한 장치다. 거듭 말하지만 자기 자신과 다른 사람 사이에 있는 신체의 경계선에는 시간 차이에 의한 폭이 존재하며 그것은 약 0.2초이다.

그렇게 따지면 '메아리'나 '나무 정령의 외침'이 소리의 반향이 아니라, 산신령이 사람 소리를 따라 한 것이라 믿었던 것처럼 타자성(他者性)을 지니고 있다는 사실을 알 수 있다. 예를 들면 소리의 왕복 거리를 고려하여 약 3-4m 정도만 떨어져도 벽으로부터의 반향이 0.2초 이상 걸린다. 그러니까 이 정도의 거리로도 자신과 타인 간의 경계선인 0.2초의 벽이 생긴다.

필자는 텔레비전이나 라디오에 필자가 나와 이야기하는 모습을 보거나 듣는 걸 그다지 좋아하지 않는다. 필자가 알고 있는 목소리와 영상에서 나오는 소리가 다르게 들리기 때문이다. 이와 마찬가지로 시간이 지나 들려오는 소리나 음성도 역시 자신의 신체에서 나오지 않은 타인의 것으로 느껴진다.

너의 것은 나의 것

그렇다면 타인과의 신체 경계선은 어디에 있을까? 그것을 보여 주는 연구가 있다. 도구의 신체화를 연구한 이리키에 이어서 같은 이화학연구소의 후지이 나오타카(藤井直敬)가 실시한 연구다. 원숭이 두 마리가 정해진 시간 동안 자유롭게 활동할 수 있는 환경을 조성한 다음, 일정 조건에서 원숭이의 움직임과 환경을 기록한다. 그리고 뇌 활동과의 연관성을 조사하여 사회적인 뇌 기능을 연구하는 것이다.

우선 원숭이 두 마리를 서로 마주 앉게 한 다음 손이 닿는 중앙에 사과를 둔다. 그러면 사과를 두고 서로 다투다가 윗자리를 차지하려는 싸움이 반복되고, 일정 시간이 지나면 위, 아래 서열이 정해지는 것을 관찰할 수 있었다. 후지이는 이러한 서열 다툼이 대개 2-3일에 끝난다고 한다.

다음으로 원숭이가 사회적으로 이어져 있을 때와 떨어져 있을 때, 각각 신체변화가 어떻게 나타나는가를 위와 마찬가지로 두 마리의 원숭이를 이용하여 실험하였다. 우선 원숭이 두 마리를 서로 마주 앉히고 서로 얼굴을 보게 한다. 이때는 서로 거리를 두기 때문에 두 마리는 경쟁 관계에 놓이지 않는다. 따라서 관찰 대상인 한쪽 원숭이의 신경세포가 사과를 집으려는 오른팔에선 반응하지만, 자신의 왼팔과 마주 앉은 원숭이에게는 반응하지 않았다.

여기서 두 마리의 거리를 좁혀서 서로 경쟁하는 관계를 조성하면 어떨까? 그러면 사회적인 관계가 구축되기 때문에 자신의 왼팔과 상대방 팔의 움직임에도 신경세포가 반응한다. 결국, 원숭이가 지닌 신체감각이 사회적 관계가 되자 다른 원숭이들을 포함한 사회적인 공간으로까지 확대되었다.

이는 바로 『도라에몽』에서 노비타를 괴롭히는 동급생 자이안이 주인공 노비타에게 '네 것은 내 것이고 내 것도 내 것'이라고 큰소리치는 장면과 같다. 사회적 관계에서 서로 신체가 지닌 영역이 겹쳐 경쟁이 불가피하다면 상하관계가 발생한다. 그렇다면 당연히 상대방의 소유물도 내 것이라 여길지 모른다. 다양한 상상력이 포함된 재미있는 발견이었다. 사회적인 강함과 약함을 기준으로 관계를 인식하고 그에 따라 신체상은 변화한다. 이러한 사회적인 뇌의 기능을 조사한 실험은 후지이 나오타카의 저작인 『연결된 뇌』(NTT출판, 2009)에 자세히 나와 있다.

위너(Norbert Wiener)의 말

지금까지 여러 가지 사례들에서 살펴보았듯이 인간의 신체는 도구가 신체화한 것으로 여겨지는 외부적 측면이나 팔다리와 몸통 등 내부적 측면 모두, 어디까지가 자신의 신체인지 지극히 모호하다 할 수 있다. 인간의 뇌도 어디까지 신체의 내부로 파악해야 하고, 어디까지 외부로 봐야 하는지는 현시점에선 분명하지 않다. 그렇다면 이 책의 주제인 증강인간공학에서는 이러한 사실을 어디까지 파악하고 있는가?

이를 설명하기 위해 생명과 기계 제어와 통신에 대한 문제를 통합적으로 연구한 '사이버네틱스(Cybernetics)'의 제창자인 미국의 학자 노버트 위너(Norbert Wiener)의 말을 소개하고자 한다. 위너는 생명에서 사회까지 역동적인 제어시스템으로 파악할 수 있다는 걸 시도한 천재이다. 그는 일본어판 『사이버네틱스 – 동물과 기계에 대한 제어와 통신』(이와나미 서점, 2011) 제1판 서문에서 다음과 같이 말하고 있다. 여기서는 증강인간공학에 대한 중요한 부분만 인용한다.

(중략) 이러한 사정으로 사이버네틱스의 정의를 처음에 내가 제시한 것보다 좀 더 명확하게 하는 편이 좋다고 생각합니다. 다음의 정의도 본질적으로 배의 '키를 쥐고 있는 사람'과 유사한 것입니다만 오늘날 나는 이렇게 설명하려 합니다: 우리의 상황 속에선 두 가지의 변량(變量)이 존재하는 것으로, 그 한쪽은 우리가 제어할 수 없는 것이고 다른 한쪽은 우리가 조정이 가능한 것이라 할 수 있습니다. 그때 제어할 수 없는 변량의 과거로부터 현재에 이르기까지의 값에 근거하여 조절 가능한 변량의 값을 적당히 정하여 우리에게 가장 합당한 상황을 만들 수 있다는 희망을 품어 봅니다. 그것을 달성할 방법은 사이버네틱스밖에 없습니다. 배의 경우, 풍향이나 바다의 상태에 따라 수많은 변화가 있을 수 있습니다. 하지만 배의 키를 잘 조정하여 주어진 코스에 따라 목적지까지 가장 빨리 배가 나아갈 수 있도록 하는 것이 바로 한 예라 할 수 있습니다.

여기서 위너가 지적하고 있는 핵심은 우리 눈앞에는 제어할 수 없는 것과 열심히 노력하면 제어할 수 있는 것이 존재한다는 것이다. 해일이나 지진 등의 자연현상은 인간이 아무리 노력해도 제어할 수 없다. 위너의 비유처럼 조류나 바람의 흐름을 읽고 배를 잘 조작하는 방법을 고민하는 것이 목적이 아니라 멋지게 제어하는 방법을 찾아서 배의 키를 쥐고 목적지에 최단거리로 도착하는 것이 본질이다. 다시 말해 위너는 인간이 제어할 수 있는 것과 제어할 수 없는 것의 경계면을 정의하려 했을 것이다. 또한, 철학자 다니엘 데닛은 "'나'란 존재는 자신이 직접 제어할 수 있는 것의 집합체다"라고 말한다. 확실히 위너가 지적한 것은 『신세기 에반게리온』에 등장하는 'AT필드(Absolute Terror Field)'와 같이 자기 자신과 외부 세계 사이의 경계면이다.

증강인간공학의 바람직한 자세

이를 필자가 제창한 증강인간공학에 대입하면 신체에도, 정보 세계에도 제어할 수 있는 것과 없는 것이 있게 마련이다. 이들을 다른 말로 바꿔 조정 가능한 것은 '컨트롤(control)'이라 하고 제어할 수 없는 것을 '언컨트롤(uncontrol)'이라 부르려 한다. 물론 우리 몸에도 언컨트롤의 영역이 있다. 예를 들면 내장이다. 인간은 손발처럼 의도적으로 위나 장을 움직일 수 없으며 심장 박동도 자유자재로 조정할 수 없다. 자신의 신체인 건 분명한 사실인데 제어 가능한 신체라고 느끼기엔 어렵다.

한편 폐를 통한 호흡과 같이 일상 속에선 보통 무의식적으로 이뤄지지만, 의식적으로 들이키거나 토해 낼 수 있으며 숨을 멈출 수도 있다. 어쩌면 이는 컨트롤과 언컨트롤의 중간에 위치한다. 그러므로 증강인간공학이란 신체의 내부와 외부, 양쪽에 제어 가능한 영역을 넓혀 가는 학문이라고 바꿔 말할 수 있다. 가령 신체의 내부를 컨트롤 하는 영역을 확대하는 것이 이미 소개한 바 있는 '어펙티브 웨어'이다.

인간의 감정과 정서 또한 컨트롤 하기가 참으로 어렵다. 자신이 어떤 표정을 짓고 있는지 알 방법이 없으므로 제어할 수 있는 피드백 루프가 작동하지 않는다. 만일 자신이 어떤 표정을 짓고 있는지 알 수 있고 표정을 변화시켜야겠다고 생각한다면 컨트롤할 수 있는 신체영역이 확대된 것이다. 이것은 눈으로 직접 볼 수 없는 걸, 본 것처럼 할 수 있는 것의 핵심이다. 현미경을 발명하기 전 세균이란 존재를 볼 수 없어서 질병이 어떤 이유로 생기는지 몰랐기 때문에 치료할(제어하다) 수 없었다는 이치와 같다.

인간과 기계의 일체(人機一體)를 지향하다

외부에서 컨트롤할 수 있는 신체의 영역을 확대한다는 의미는 바꿔 말해, 도구인 기계를 구체화하여 마치 신체를 움직이는 것처럼 의식적이든 무의식적이든 자유자재로 다룰 수 있다는 것이다. 필자는 '자유자재로 한다'라는 말에 특별한 의미를 둔다. 불교용어인 '자재(自在)'는 '어떤 일이든 생각한 대로 행할 수 있는 능력'을 가리킨다. 걸음을 걸을 때 '먼저 오른발을 30cm 정도 내디디며 같은 쪽 손을 같이 움직이는 … ' 등을 의식하는 사람은 없을 것이다. 이는 걷기라는 동작이 무의식중에 자동화되었기 때문이다.

생각대로 움직인다는 건 무의식적으로도 움직일 수 있다는 뜻으로 이것이 '자유자재화'다. 이 자재라는 말은 동양에선 여러 나라에 비슷한 말이 있는데 서양에선 같은 개념의 단어가 있지 않은 듯하다. 영어로 바꿀 수 있는 단어가 지금으로선 보이질 않는다. 파워 슈트나 웨어러블 컴퓨터의 경우에도 증강된 신체를 자유자재로 움직일 수 있다면 좋다. 이처럼 신체처럼 자유자재로 움직일 수 있는 도구를 만들어 내는 것이 증강인간공학의 지향점이다.

인간과 증강신체로서의 기계 간의 관련성을 필자는 항상 '인기일체(人機一體)'라는 말로 표현한다. 이는 '인간과 말이 한 몸(人馬一體)'이란 말에서 생각해 낸 조어다. 말을 탈 때 인간과 말은 서로 완전히 독립적이다. 하지만 사람이 말을 타고 있는 동안 끊임없이 고삐를 잡고 컨트롤할 필요가 없으며, 아무 생각 없이 무의식 속에서 말이 달리는 상태를 만들어 낼 때를 자동화라 할 수 있다. 사이버네틱스가 배의 메타포라면 증강인간공학은 말의 메타포다. 이처럼 인간과 말이 하나가 되어 움직일 수 있는 관계성을 인간과 기계에 적용하여 만들어 내는 것이 필자의 목표다.

■

자동화와 자유자재화

■

제어 가능한 증강신체로서의 기계는 2000년대 컴퓨터의 비약적인 발전과 정보화 사회의 발전으로 그 영역을 급속히 확대하기 시작하였다. 대표적으로 웨어러블 컴퓨터에서 알 수 있듯이 신체도 센싱(Sensing, 탐사)을 통해 정보화되고 컴퓨터로 데이터를 해석하여 이용하는 등 이미 컴퓨터는 몸과 불가분의 관계에 놓여 있다. 근래 딥러닝(Deeplearning)를 필두로 인공지능의 브레이크스루(Breakthrough, 돌파구) 기술이 등장하면서 기계가 인간을 뛰어넘을 수 있다는 이야기가 무성해지고 있다. 2029년이 되면 인공지능이 인간을 추월할 것이라 주장한 레이 커즈와일(Ray Kurzweil)의 '싱귤래리티(Singularity)' 사상이 더욱 현실성을 더해 가고 있다.

컴퓨터의 눈부신 발전을 보면 확실히 컴퓨터가 인간의 능력을 뛰어넘을 수 있을 것이다. 그러나 한편으로 무엇 때문에 인간이 존재하고, 신체가 필요한가 하는 문제를 생각해 볼 필요가 있다. 답은 간단하다. 자신의 의지로 하려는 것은 인간만이 할 수 있기 때문이다. 인간이 꺼리는 일을 인공지능에 맡겨 '자동화'하는 것을 필자도 반대하지 않는다. 어쩌면 오히려 다행스러운 일일 것이다. 마찬가지로 인간의 능력을 증강하여 '자유자재화'하는 것도 필요하다.

예를 들면 개인용 컴퓨터와 스마트폰에서 보이는 입력 시스템을 살펴보자. 자판을 치면 프로그램 된 인공지능이 인간이 입력하려는 다음 말을 예측하여 표시해 준다. 예측된 후보군에서 다음 낱말을 선택할 수 있기 때문에 입력할 때의 속도가 한층 빠르다. 이것은 인간이 인공지능의 작용을 느끼지 못하고 자신이 입력하고 있다고 느끼는 '투명한 인공지능'이다. 또한, 자동화가 아닌 사람과 기계가 하나 된 자유자재화의 좋은 예이다.

■

뇌와 신체를 잇는 오감의 창

■

그런데 인간 신체의 내부와 외부 모두 제어 가능한 영역을 넓히고 사람과 기계가 하나가 되는 자유자재화를 실현하기 위해서는 무엇이 필요할까? 이를 알기 위해서는 우리 신체가 어떤 역할을 하고 있는지, 그리고 인간의 뇌가 신체를 통하여 외부세계와 어떻게 연결되어 있는

지를 찾는 것이 지름길이다. 잠정적인 가설이지만 '신체란 뇌와 세계를 싱크(Synchronization의 준말, 동기화)하기 위한 인터페이스이다'라는 것이 현재 필자가 가진 신체관이다.

우리는 각자의 머릿속에 현실감(리얼리티)이란 현실 세계(리얼)의 모델을 그리고 있다. 이 모델의 정밀도를 높이고 갱신하기 위하여 신체에 오감이라는 인터페이스가 존재하는 건 아닐까? 그리고 의지를 통해 현실감의 미래 모델을 만들어 이에 적합하도록 현실 세계를 변화시키려 노력하는 것이 신체운동이며, 그 차이를 우리는 '힘'으로 느끼고 있다. 커뮤니케이션도 언어와 신체운동을 매개로 쌍방의 지식을 싱크하기 위한 행동이라 파악할 수 있다.

그렇다면 인간의 오감이란 창에는 어떤 정보가 담겨 있는가. 다시 말해 인간의 신체라는 형상을 띠고 있는 정보주체는 외부환경과의 관계성을 어떻게 구축하고 있는가. 이를 알 수 있다면 결과적으로 신체의 정보적 모델이 가능할 것이다. 다음 장에선 인터페이스로서의 신체 구조에 대하여 자세하게 살펴보도록 하자.

2장

인터페이스로서의
신체

현실 세계는 하나뿐인가?

오감이 만드는 현실감

투명인간이 되다

만일 당신이 투명인간이 된다면 무엇을 할 것인가. 어느 날 아침 침대에서 일어난 당신은 자는 가족들을 뒤로 한 채 집을 나서 학교나 회사로 향한다. 버스나 전철에서는 누구의 시선도 느낄 수 없고 오히려 투명해졌기 때문에 주변 사람들이 알아차리지 못해 부딪치기도 한다. 목적지에 도착해서도 역시 아무도 알지 못해 말을 꺼낼 수도 없다. 만약 투명한 당신이 몇 마디 말이라도 꺼낸다면 상대방은 공포감을 느끼게 될 것이다. 이처럼 다른 사람들이 나를 볼 수 없다는 건 이 세상 사람이 아닌 것과 같다.

현실 세계에서 투명인간이 될 것이라 믿었던 사람도 있었다. 중동의 이란에서 벌어진 사건으로 주술을 통해 투명인간이 될 것이라 믿어왔던 남자가 은행에 강도로 들어가 고객의 돈을 훔치려다 체포된 사건이다. 체포된 남자는 주술사에게 돈을 내고 팔에 주문을 걸어 투명인간으로 변신하는 방법을 배웠다고 한다. 누가 봐도 사기를 당한 어리숙한 남자의 처지가 애석하기도 하고 재미있기도 하다.

투명인간이라면 2000년에 개봉된 미국영화 《할로우 맨》이 있다. 주인공 세바스찬은 학창시절부터 천재적인 두뇌를 지닌 우수한 과학자였다. 국가 프로젝트 '생물의 투명화와 복원'의 팀 리더였던 세바스찬은 오랑우탄을 통해 성공을 거둔 투명화 실험에 본인이 직접 인체실험의 피험자 1호가 되어 약을 먹고 투명해지는 데 성공한다. 피부, 지방, 근육, 내장, 혈관, 뼈 등 해부학과 인체생리학을 기초로 정확히 모델링된 인체의 내부가 외부로부터 천천히 사라져 가는 컴퓨터그래픽은 특수효과로 압권이었다. 근육의 수축과 체액이 어떻게 빛에 반사되는지까지 계산해 표현한 장면은 영화의 볼거리였다.

그런데 투명인간으로 모습이 바뀐 세바스찬은 어떻게 되었을까. 투명화에는 성공했지만, 복원에 실패하여 얼마 안 가 정신이상을 초래하고 만다. 대인관계가 서툴러 사회성이 떨어지는 사람이 그러하듯이 여

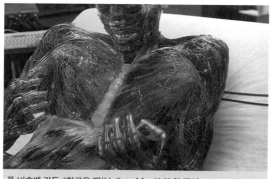

폴 버호벤 감독 《할로우 맨(Hollow Man)》의 한 장면.

성의 집에 들어가 난폭하게 구는 등 범죄행위를 반복하다가 결국 예전의 연인을 비롯한 연구팀원들을 모두 살해하려 한다. 이처럼 인간은 투명인간이 되더라도 극도의 불안에 빠지고 곧 동물적인 본능을 드러낸다고 결론을 내리는 것이 SF의 실험적 사고의 한계점인 듯하다.

투명인간은 볼 수 없는 존재인가?

영화 《할로우 맨》의 원작은 SF에선 명실공히 고전이라 할 수 있는 H. G. 웰스의 소설 『투명인간』이다. 이 위대한 영국의 SF작가가 1894년에 묘사했던 것 역시 인간이 지닌 빛과 어둠의 양면성이었다. 투명인간이 되면서 일반 사람들과 함께 생활할 수 없게 된 과학자 그리핀은 방화와 도둑질을 일삼다가 머지않아 경찰로부터 쫓기는 몸이 된다. 겉모습을 잃어버리고 드러난 것은 악마와도 같은 인간성이었다. 대학 동창생인 캠프 박사가 그리핀의 폭력성을 무서워한 나머지 경찰에 도움을 구하자 이를 눈치챈 그리핀이 '배은망덕한 놈!'을 외치는 장면은 상상만으로도 섬뜩하다.

자신의 몸이 다른 사람들의 눈에 띄지 않는다는 내용은 소설 작품에서는 고전적인 주제 중의 하나이다. 조앤 K. 롤링의 세계적인 베스트셀러 『해리포터 시리즈』에서도 몸에 걸치면 투명해지는 망토가 등장하며, 『도라에몽』에 나오는 마술 도구에도 '투명 망토'가 있다. '몸이 투명해진다'는 모티브는 인간의 창조성을 자극하는 특별한 요소를 담고 있다. 서문에서 썼듯이 연구자인 필자에게 전환점으로 작용한 것 역시

'광학미채'라는 인간의 신체에 대한 투명화 기술이었다. 그렇다면 투명인간은 정녕 볼 수 없는 존재인가?

웰스의 소설 『투명인간』 중에는 투명인간으로 변한 그리핀이 어떤 모습을 하고 있는지가 묘사되어 있다. 여기서 소설을 인용해 보면 투명해진 그리핀을 찾기 위해 비상 소집된 경찰서장 애다이 총경에게 투명인간의 비밀을 알고 있는 캠프 박사는 다음과 같이 조언한다.

> "놈이 식물을 삼키면 소화될 때까지는 몸속에 있는 게 눈에 띄기 때문에 잠깐 어딘가에 숨어서 쉬어야만 합니다. 이 점을 노려야 합니다. 그러니 개를 말입니다 … 개를 가능한 한 많이 모아야 됩니다."
>
> "허허, 투명인간이 개한테는 보인다는 소리요?"
>
> "볼 수 없는 건 우리 인간과 같습니다만 개는 냄새를 맡을 수 있습니다. 예전에 자신이 개에게 물려 혼났다는 얘기를 스스로 말한 적이 있어요. 아마 틀림없을 겁니다."

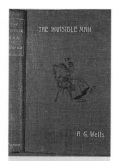

H. G. 웰스의 소설 『투명인간』 초판본.

이는 경찰견이 필요한 이유와 같다. 개의 후각은 인간의 10배에서 50배에 이르며 후각세포가 인간은 약 500만 개인 데 비해 개는 약 2억 개 정도로 추정된다. 냄새를 맡는 것은 콧속의 코점막에 분포된 후각세포가 냄새 분자를 수용해 그 자극을 전기신호로 변환하여 뇌에 전달하고 뇌가 냄새를 감지하는 것이다. 요컨대 개는 눈(시각)이 아니라 코로 투명인간의 존재를 감지할 수 있다.

■

현실 세계와 현실감은 다르다

■

　여기서 새삼스럽지만 강조할 수밖에 없는 사실은 우리 인간이 보고 있는 세계는 자신의 감각기관을 통해 인식한 세계에 불과할 뿐이다. 숫자로 표현하자면 인간의 시각은 가시광선으로 380-750㎚ 내의 영역만을 검출할 수 있다. 또한, 청각도 마찬가지로 검출 가능한 영역이 공기 진동 중 20Hz-20kHz에 불과하다. 인간의 귀로는 들을 수 없는 높은 진동수를 '초음파'라고 하는데 이는 인간 이외의 동물이 이용하고 있다. 가령 야행성인 박쥐는 시력이 퇴화하였지만, 입으로 초음파를 발사해 그 반향으로 자신의 위치를 알 수 있다. 그 밖에도 미각, 촉각 등 우리는 다른 동물들과 비교할 때 절대 높지 않은 기능을 지닌 감각기관으로 물리 세계를 파악하고 있는 것에 불과하다.

　따라서 우리가 투명인간을 '보기' 위해서는 보려고 하는 대상을 변환할 수밖에 없다. 이 점에서 웰스의 『투명인간』을 리메이크한 영화 《할로우 맨》에서 제시하는 방법은 현대적이다. 하지만 우리는 개를 이용할 필요가 없다. 서모그래피 카메라(Thermography Camera)처럼 열을 감지하고 보여 주는 고글을 쓰고 세바스찬의 몸에서 나는 열을 가시화하면 그만이다. 볼 수 없는 것을 볼 수 있게 한다는 의미에서 이 역시 하나의 증강신체라 해도 좋을 것이다.

　우리는 신체에 갖춰진 시각과 청각 등 오감을 중심으로 한 다양한 감각기관을 통해, 외부 환경의 변화 및 정보 등을 현실 세계(물리 세계)로부터 받아들인 다음 각각의 '현실감'으로 재구성한 세계를 이해하고 있

🦑 서모그래피 카메라의 한 종류.

다. 바꿔 말하면 '객관적인 물리 세계 = 현실 세계'와 '우리 자신이 주관적으로 감지하고 있는 세계 = 현실감'은 완전히 다른 것이다.

■

객관의 뉴턴, 주관의 괴테

■

이 '현실 세계 vs 현실감'이란 주제는 오래전 뉴턴과 괴테 사이에 벌어졌던 색의 성질을 둘러싼 대립의 역사적 반복이기도 하다. 영국에서 태어난 아이작 뉴턴(Isaac Newton)은 만유인력법칙과 미적분법을 발견하는 등 자연과학에 위대한 업적을 남긴 물리학자이자 수학자다. 그의 물리학 업적 중 하나가 프리즘(Prism) 실험이다. 프리즘은 유리 등으로 만든 투명한 삼각기둥을 통해 빛의 굴절과 분산이 이루어진다. 뉴턴은 이 분광실험을 통해 태양 빛이 무지개처럼 빨간색에서 보라색까지 이른바 7색으로 나뉜다는 것을 설명하고, 각각의 색에 해당하는 빛의 굴절 각도가 다르다는 사실을 확인하였다. 1704년에 출판된『광학』서문에 따르면 '가설이 아닌 추론과 실험을 통해 빛의 성질을 제시하고 실증함'이라 하였다.

이에 이견을 제시한 이가 독일의 요한 볼프강 폰 괴테(Johann Wolfgang von Goethe)다. 괴테는 소설『젊은 베르터의 고뇌』등으로 알려진 독일을 대표하는 대문호이기도 하지만 자연 과학자로서도 저작을 남겼다. 그 중 하나가 뉴턴의『광학』이 나온 지 약 100년 후, 1810년에 출판된『색채론』이다. 여기서 괴테는 색채를 굴절률이라는 수량적인 성질로 환원하여 파악한 뉴턴에 대해 불만을 토로하고 있다. 괴테가 특별한 점은 색의 생성에 '빛'과 '어둠', 흑백 대비를 들고 있다는 것이다. 뉴턴이 탁자 위의 프리즘에 통과한 빛의 분산을 관찰한 것에 비해 괴테는 프리즘에 해당하는 세계를 관찰하였다.

프리즘을 통해 본 세계에는 흰 물체와 검은 물체의 경계에서 색이 나타난다. 색은 빛과 어둠 사이, 즉 흐림 속에 존재한다는 것이 괴테의 주장이다. 학교 미술수업에서 색상을 스펙트럼 순으로 둥글게 배열한 '색상환'을 배우는데 이 발상은 뉴턴이 아닌 괴테에게서 나왔다. 색상환에서 서로 마주 보는 2개의 색이 보색 관계에 있다는 것을 도입한 사람도 괴테이다. 괴테의『색채론』에 나온 "색채는 빛의 행위이다"란 글 속에서 그의 색에 대한 날카로운 시각을 알 수 있다. 색채는 빛 속에 처음부터 담겨 있었던 것이 아니라 인간의 눈과 자연의 빛 사이에서 이루어진 공동작업(행위)을 통해 생성되었다는 것이다.

여기서 뉴턴과 괴테의 대립을 통해 알고자 한 것은 현실 세계와 현실감이라는 2개의 세계가 존재한다는 것이다. 결국, 우리 자신이 주관적으로 감지하는 세계 = 현실감(색채)은 우리의 신체(눈)와 자연계(빛)의 상호작용 속에 존재하는 바로 그것이다.

■

뇌가 감지하는 세계

■

예를 들어 핑크색(정확히는 마젠타) 파장 빛은 물리 세계에서 존재하지 않는다. 괴테의 색상환을 사용하여 처음 만들어진 색으로 알고 있다. 핑크는 붉은색 계통의 양쪽 끝에 있는 빨강과 보라를 혼합하면 나오는 색이다. 인간은 이 빨강과 보라의 빛 파장 양 극단을 동시에 보고 머릿속으로 겹쳐 핑크인 걸 알아낸다. 결국, 핑크색은 우리 머릿속에서만 존재하는 색이다. 좀 더 근래의 예를 들어 보면 텔레비전과 컴퓨터 화면은 RGB(Red, Green, Blue), 즉 빨강, 초록, 파랑이란 빛의 삼원색으로 구성되어 있다. 호기심에 어린 시절 텔레비전 화면에 돋보기를 대고 빨강, 초록, 파랑의 3색으로 화면이 이루어져 있다는 것을 관찰한 사람이 있을 것이다.

텔레비전을 비롯한 모니터에 나타나는 색은 물리 세계의 색과 같은 파장으로 편성된 것이 아님에도 불구하고 각막에 분포한 추체세포

(錐體細胞, pyramidal cells)가 RGB로 구성된 빛에 반응하여 마치 머릿속에서 물리세계와 같은 색이라 느낀다. 빨강, 초록, 파랑 3요소의 비율에 따라 색이 변한다는 것을 발견한 이는 영국의 물리학자 토머스 영(Thomas Young)의 학설을 발전시킨 독일의 생리학자 헤르만 폰 헬름홀츠(Hermann von Helmholtz)이며 이를 '영 = 헬름홀츠의 3색설'이라 한다. 이처럼 감각기 관으로 파악하면 소리와 빛의 빠르기 관계는 역전된다. 물리법칙에서 광속은 초속 30만㎞이며, 음속은 초속 340m라고 학교에서 배웠을 것이 다. 불꽃이 좋은 예인데 불꽃이 밤하늘을 수놓고 시간이 조금 지난 다음 펑하는 소리가 들린다. 이는 빛보다 소리의 전달 속도가 늦다는 걸 말해 주고 있다.

그러나 에른스트 푀펠(Ernst Poppel)의 '의식 속의 시간'에 따르면 인간 의 감각 세계에서는 시각과 청각의 속도가 바뀐다. 그의 실험에서는 각 막에 빛이 닿아 버튼을 누를 때까지의 시간과 소리가 귀에 닿아 버튼을 누를 때까지의 시간을 비교하면 시각보다 청각 쪽의 반응속도가 빠르 다. 하지만 시차가 나더라도 뇌 속에서는 빛과 소리의 속도 차를 고려 하여 동시에 이루어지듯 바로잡는다.

뇌 속에선 이처럼 물리 세계로부터 지각된 것을 바로잡아 현실감에 기초한 세계로 만들어 놓는다. 산업기술 종합연구소의 연구에 따르면 이 보정이 이루어지는 한계는 50m까지이며 이 범위를 넘어서면 소리 와 빛이 분리되어 점차 속도의 차이를 지각할 수 있다고 한다. 불꽃의 빛과 소리의 객관적인 물리법칙과 인간의 주관적인 지각 간의 차이를 알기 위해선 이처럼 자세한 설명이 필요하다.

시각과 청각의 지각속도 또한 밝기와 소리의 크기에 따라 다르다. 예를 들어 밝은 쪽이 빨리 처리되며 어둠은 시간이 걸린다. 독일의 물리학자 칼 풀프리히(Carl Pulfrich)가 1922년에 발견한 '풀프리히 효과'라고 부르는 착각의 일종이다. 오른쪽 눈만 선글라스로 가리고 가로 방향으로 움직이는 진자를 보면, 두 눈의 지각에 착시가 생겨 직선운동을 하는 진자가 마치 타원운동을 하는 것처럼 보인다. 오른쪽 눈이 늦게 지각하는 것은 왼쪽 눈이 보게 되는 것보다 예전 걸 보기 때문이다. 따라서 진자가 왼쪽으로 움직일 때는 바로 앞으로 튀어나올 듯이 보일 수 있다.

맨눈으로 3D 입체영상으로 볼 수 있는 디스플레이가 보급되기 이전에는 이 풀프리히 효과를 이용한 게임 등이 만들어진 적도 있다. 만일 이를 관찰하려면 '니코니코 동화(www.nicovideo.jp)'의 동영상에서 나오는 설명을 오른쪽 눈에만 선글라스를 끼고 보면 된다. 흐름이 빠른 설명이 바로 앞으로 튀어나올 듯한 장면을 볼 수 있다. 다른 사례로 필름 영화가 1초당 24코마로도 문제가 되지 않는 이유는 영화관이 어두워 코마 수가 적어도 인간이 지각할 수 없기 때문이다. 필름 영화를 밝은 데서 보면 영상이 깜빡거리며 점멸하는 느낌을 받는데 이는 밝기 때문에 코마 수를 지각할 수 있기 때문이다.

한편 영화《2001: 스페이스 오디세이》의 특수효과를 담당했던 더글라스 트럼불(Douglas Trumbull)이 개발한 '쇼스캔(Showscan)'이란 방식은 매

NTT 커뮤니케이션 과학기초연구소의 일루전 포럼
(www.kecl.ntt.co.jp/IllusionForum).

초 60코마로 영화를 촬영하고 상영할 수 있다. 어두운 곳이라면 희미
한 빛도 각막이 잘 포착할 수 있는데 쇼스캔은 코마 수가 많아 주변 여
건과 상관없이 점멸 없는 자연스럽고 박진감 있는 장면을 표현할 수 있
다. 이러한 착시와 착청 등 인간이 보거나 들은 정보가 실제와 달리 지
각된 예를 살펴보려면 NTT 커뮤니케이션 과학기초연구소의 '일루전 포
럼(Illusion Forum)'이란 웹페이지를 추천한다. 다양한 사례를 실제로 체험
할 수 있다. 체험해 보면 알겠지만 우리는 시각과 청각이라고 하는 신
체의 감각기관이 지닌 필터를 통해 세계를 인식하고 있다.

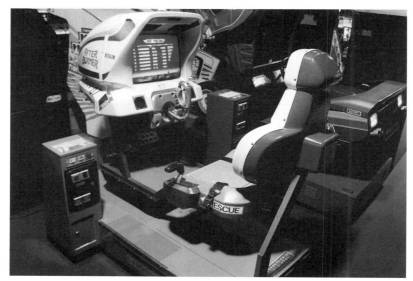

ⓒ 세가의 체감 게임 애프터 버너(University of California Medical Center).

컴퓨터는 체감을 만들 수 있다

우리가 신체의 감각기관을 통하여 현실감이란 것을 만들어 낸다면, 감각과 지각 등 생리학 지식을 토대로 한 현실감을 디자인할 수 있지 않을까? 이러한 생각에 따라 필자는 대학에서 '현실감 설계(Reality Based Design)'라는 수업을 하고 있다. 그 출발점은 오락실에서 해본 아케이드 게임 머신이다. 일본의 게임업체 세가(Sega)가 1980년대 후반에 세상에 내놨던 체감 게임의 대표작 애프터 버너(After Burner)는 비행기 조종석처럼 생긴 탈것에 올라타 아날로그 컨트롤러를 잡고 기관총과 미사일로 적기를 무찌르면서 F-14를 조종하는 게임이다.

TV시리즈 《스타트렉》에 나오는 홀로데크.

　당시 필자는 화려한 영상미와 호쾌하게 회전하는 게임기를 눈앞에 두고 '컴퓨터가 이토록 가슴 뛰는 현장감을 줄 수 있구나'며 놀라움을 금치 못했다. 이 외에도 개인용 컴퓨터에서도 인간의 실생활과 비슷한 상황을 체험하게 하여 생동감 있는 기분을 느끼게 하는 프로그램도 있다. 이처럼 컴퓨터의 등장으로 인해 가상의 공간에 신체의 직접적인 접근이 가능하고 새로운 리얼리티가 만들어졌다.

　현실과는 다른, 별도의 세계를 만들려는 아이디어는 만화 『도라에몽』의 마술 도구에도 있다. '만약에 박스'는 공중전화 부스 모양의 도구로 그 안에 들어가 '만약에 ○○라면'이라 전화를 걸면 잠시 후에 전화기의 벨이 울린다. 그러면 박스의 바깥세계가 자신이 바라는 대로 변한다. '만약에 박스'가 처음 등장한 건 1975년이며, 1984년에 개봉된 장편영화 《노비타의 마계대모험》에서는 영화에서처럼 마법이 실재하는 세계를 노비타가 '마법은 당연한 거야'라며 '만약에 박스'로 만들어 나간다.

　또한, 미국의 SF 텔레비전 드라마 《스타트렉》 시리즈에서도 마찬가지로 가상의 세계를 만들 수 있는 '홀로데크(holodeck)'란 가공의 장치가 등장한다. 이 드라마 시리즈는 1966년부터 시작했지만 홀로데크는 1987년의 새 시리즈에서 처음으로 등장한다. 《스타트렉》은 2000년대에 들어서도 텔레비전과 영화로 제작이 계속 이어지는 인기 시리즈이다. 일찍이 일본에서도 《우주 대작전》이란 제목으로 1966년부터 1968년까지 방송하여 필자도 무척 좋아했던 SF 드라마 중 하나이다. 이 홀로데크는 한 평 남짓한 정육면체 집이며 홀로그램의 입체영상, 그리고 홀로그램 영상에 실체를 지닌 '포스빔(중력자빔)'이라 불리는 가공의 구조물로 현실과 다름없는 세계를 만들어 낸다. 이 홀로데크 안에서는 산림과 초원 등의 대자연이나 무한한 대우주 등을 자유자재로 만들 수 있다.

■

오감을 만드는 헤드 마운트 디스플레이

■

이처럼 오감을 이용하여 현실감을 만들어 내는 시뮬레이터의 고전이라고도 할 수 있는 것이 영사기사이자 영상작가인 모턴 하일리그 (Morton Heilig)가 1964년에 발표한 '센소라마(Sensorama)'이다. 이는 좌석에 설치된 덮개(후드)에 머리를 넣고 핸들을 쥔 다음 주변 풍경을 즐기며 오토바이를 달리는 아케이드 게임 머신이다. 엔진 소리가 들리고 핸들에서 진동이 전해지며 얼굴에 맞바람이 몰아치는 등 오감을 통해 체감하는 구성이다. 피자집 앞을 가로질러 달릴 때는 피자 굽는 냄새가 코를 찌르는 등 다양한 감각을 자극한다. 하일리그는 이처럼 머리에 쓰는 장치를 '텔레스피어 마스크(The Telesphere Mask)'라 명명하여 1960년에 특허를 신청하였다. 이것이 '헤드 마운트 디스플레이(머리에 쓰는 디스플레이)'의

꽁 모턴 하일리그의 센소라마.

원형으로 자리매김하였다.

또한, 이러한 현실감을 만들어 내려는 연구의 원조로 일컬어지는 이
가 미국의 계산기 과학자인 이반 서덜랜드(Ivan E. Sutherland)이다. 서덜랜
드는 1965년에 '궁극의 디스플레이(The Ultimate Display)'라는 기고문을 발
표하고 새로운 현실감을 만들기 위한 비전을 제시한다. 그리고 1968년
에는 헤드 마운트 디스플레이를 만들어 컴퓨터 세계로 나가는 길을 개
척하였다. 게다가 서덜랜드는 컴퓨터그래픽과 CAD(Computer Aided Design,
컴퓨터 지원 설계)를 낳은 아버지로도 잘 알려진 연구자이다.

서덜랜드가 계산기과학 분야의 노벨상이라 일컫는 '튜링상'과 일
본의 '교토(京都)상'을 수상할 수 있던 계기인 '스케치패드(Sketchpad)'는 '궁

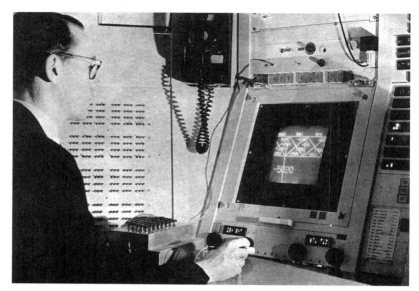

㉿ 이반 서덜랜드의 스케치패드.

극의 디스플레이'보다 앞선 1963년에 발명한 직선과 원, 그리고 도형을 작성할 수 있는 컴퓨터 프로그램이다. 그래피컬 유저 인터페이스(Graphical User Interface)라 불리며 컴퓨터와 인간의 대화방식을 변용한 것으로서 간단하게 전자펜만으로도 도형을 그려 내는 등 직감적인 조작 방식의 기원을 이루었다.

스케치패드로 컴퓨터에 원과 직선을 그릴 수 있다는 건 다른 관점에서 보면 인간의 능력이 증강된 것으로 파악할 수 있다. 왜냐하면, 우리 자신의 손으로는 똑바른 직선과 정확한 원을 그릴 수 없기 때문이다. 그러므로 서덜랜드는 컴퓨터를 이용한 증강신체의 선구자로 자리매김 할 수 있다. 여담이지만 2012년 서덜랜드가 교토상을 수상할 때 필자도 식장에 참여하는 영광을 누린 적이 있었다. 식장에 참석한 한 청중이

'당신을 여러 분야의 연구에 원조라고들 하는데 그 이유가 뭔가요?'라는 질문을 하자 그는 '마땅히 그래야 할 때 그 일을 할 수밖에 없는 장소에 있었을 뿐입니다'라고 답했는데 그 대답이 아직도 필자에게 강렬한 인상으로 남아 있다.

확실한 건 서덜랜드의 박사과정 지도교수는 정보이론의 아버지로도 알려졌고 '섀넌의 정리'로 유명한 미국의 수학자 클로드 섀넌이다. 그리고 섀넌의 스승은 아날로그 컴퓨터 연구가 배너바 부시이며, 그의 논문과 기고문에 영향을 받은 이가 서덜랜드와 더글러스 엥겔바트이다. 엥겔바트는 마우스와 하이퍼텍스트를 탄생시킨 발명가로 유명하다. 게다가 서덜랜드의 제자로는 계산기 과학자이자 개인용 컴퓨터의 아버지로 불리는 앨런 케이를 들 수 있다. 이러한 역사적 사실을 열거해 보면 '마땅히 그래야 할 때 그 일을 할 수밖에 없는 장소에 있었을 뿐이다'라고 했던 서덜랜드의 말이 결코 겉치레 말이 아님을 알 수 있다. 초기 컴퓨터 과학기술분야에서는 연구원들 간의 상호작용이 활발했고 속인주의(屬人主義)적 성향이 강했던 것이 흥미롭다. 이 역사에 관해서도 얘기할 게 많지만, 다음 기회로 미루고자 한다.

■

슈퍼맨의 기분을 맛보다

■

한편 헤드 마운트 디스플레이는 그 후에도 몇 가지 기술적인 진화를 거듭하여 근래에 '오큘러스 리프트(Oculus Rift)'나 '플레이스테이션 VR(PlayStation VR)' 등 주로 게임기로 활발하게 개발되고 있다. 가령 '오큘러스 리프트'를 사용한 사례로 게이오기주쿠대학교와 게임개발환경을 제공하는 연합회가 공동으로 개발한 '히요시 점프(Hiyoshi Jump)'라는 콘텐츠를 들 수 있다. 이는 실제로 촬영한 360도의 영상 속에서 점프하는 게임이다. 이름 그대로 영상을 촬영한 곳은 가나가와현 요코하마시에 위치한 게이오기주쿠대학교의 히요시(日吉) 캠퍼스이다. 소형 무인비행기 드론에 6개의 액션 카메라를 탑재하고 전방위로 촬영한 영상을 사용하고 있다.

이 '히요시 점프'의 핵심은 콘텐츠를 만든 사람이 점프하여 머리의 흔들림 등을 내장된 센서에 저장해 두었기 때문에 실제 자신이 점프하는 듯한 감각을 느낄 수 있다. 올망졸망한 건물과 움직이는 사람들 그리고 전차를 360도 전방위로 내려다보면서 하늘을 비행하는 체험은 실로 놀라울 만큼 감동적이다. 나아가 종횡무진 하늘을 나는 감각은 확실히 《슈퍼맨》의 주인공 클라크 켄트가 된 듯한 기분이다. 히요시 점프는 확실히 현실감이 선사한 새로운 세계를 체감할 수 있는 콘텐츠이다.

오큘러스 리프트와 플레이스테이션 VR.

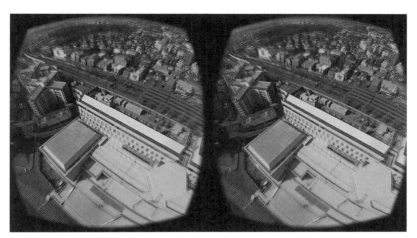

≋ 오큘러스 리프트의 히요시 점프 장면.

공간에 새로운 세계를 창조하다

헤드 마운트 디스플레이 이외에도 3차원 공간을 만들어 내려는 시도로 유명한 것이 일리노이 대학의 토머스 드판티(Thomas DeFanti) 등이 1993년에 발표한 몰입형 다면 디스플레이 '케이브(CAVE)'이다. 이름 그대로 동굴(CAVE) 속 같은 둥근 모양의 집을 만들고 전후좌우 상하 각 벽면에 3차원 영상을 투영하여 몰입감을 조성하는 프로젝터형 시스템이다. 사용되는 4대의 프로젝터는 실시간으로 동기화되어 있고, 또한 머리 부위의 센서로 시점 위치를 계측하여 주변의 영상을 실시간으로 다시 계산하여 재생한다. 이것이 3D 영화관과 크게 다른 점이다. 그리고 헤드 마운트 디스플레이와 비교하면 시야가 180도 이상 확대되며, 둘러보는 동작을 할 때 영상이 약간 뒤처지는 'VR 흔들림'이라 부르는 불쾌감이

ʕ 토머스 드판티의 케이브(www.evl.uic.edu).

느껴지는 것 등을 들 수 있다.

근래 들어서 마이크로소프트가 가정용 게임의 몰입감을 높이는 데 응용하기 위해 텔레비전 화면 주위에 영상을 확대할 수 있는 시스템, 즉 '일루미룸(IllumiRoom)'이란 콘셉트를 발표하였다. 투영하려는 대상인 공간과 물체의 위치 및 모양을 계측하여 영상을 겹쳐 표현하는 프로젝션 매핑(Projection Mapping)을 응용한 기술이다. 지금 컴퓨터에는 파워 기능이 있어서 실시간으로 보색 관계의 색을 만들어 가며 가구나 벽 등 3차원 물체의 표면에 영상을 매핑할 수 있다.

이처럼 인간의 시각을 비롯한 감각기관을 자극하여 현실과 거의 변함없는 현실감을 만들어 내려는 것이 '버추얼 리얼리티(VR: virtual reality)'라는 연구 분야이다. 일반적으로 버추얼 리얼리티를 그저 헤드 마운트 디스플레이를 가리키는 것으로 생각하기 쉬우나, 원래 버추얼 리얼리티란 인간에게 실제 현실과 거의 다름없는 현실감을 만들어 내려는 연구 분야를 말한다.

⚬ 마이크로소프트의 일루미룸.

주관적 등가를 생산하다

버추얼 리얼리티를 만들어 내려는 발상은 최근 들어 등장한 것이 아니다. 일본 고전 만담인 '다쿠다쿠'가 바로 이러한 역사적 이야기를 담고 있다. 한 남자가 도둑질하러 들어갔다가 값비싼 가재도구를 보고 쾌재를 질렀지만, 장롱을 열려고 해도 열리지 않는다. 집주인이 모든 물건을 '있는 셈 치려고' 만들어 놓았고 도둑은 곧 그 모든 것들이 그림인 걸 알아차리자, 허탈해진 도둑 역시 도둑질 '한 셈 치고' 돌아갔다는 무언극이다. 도둑에 대처하는 집 주인의 모습이 참 멋지다. 세상 모든 일이 '마음먹기'에 달렸다는 걸 깨닫게 하는 공연이다.

또한, 미국의 아동 문학 작품 『오즈의 마법사』에도 같은 이야기가 나온다. 이야기 속에 등장하는 '에메랄드 도시'는 이름 그대로 집도 에메랄드색 대리석으로 만들어져 있으며 주민의 드레스도 모두 에메랄드색으로 빛난다. 그런데 진실은 달라서 오즈 대왕이 '휘황찬란한 거리로 인해 눈이 아프지 않도록 하려고' 주민과 방문객 모두 녹색 선글라스를 끼게 한 것뿐인데 세상이 에메랄드색으로 빛나게 되었다는 우화이다. 어린 마음에 '그건 아닐 거야' 하고 생각했던 기억이 나는데 지금 와서 돌이켜보면 '누구든 그것을 현실로 느낀다면 그럴 수 있을 것' 같다는 많은 시사점을 던져 준 동화였다.

이처럼 자신이 현실이라 느낀다면 그럴 수 있다. 요컨대 버추얼 리얼리티는 환경의 '주관적 등가'를 인공적으로 만들어 내는 것이며 이로써 인간은 새로운 현실감을 구성한다. 이 이야기를 앞 장의 내용과 연계하면 인간과 기계의 일체, 즉 인간과 기계를 하나로 연결하기(이음매가 없도록) 위해서는 신체의 주관적 등가를 실현하는 것이 커다란 목표인 셈이다. 기계라는 도구를 신체화하기 위하여 인간에게 새로운 현실감이라 할 수 있는 버추얼 리얼리티가 편리한 도구로 자리 잡게 된 것이다.

지금까지 신체라는 인터페이스가 객관적인 물리 세계와 다른 각각의 세계를 탄생시킨 배경을 해설하고 인간에게 새로운 현실감을 제공하는 것은 곧 버추얼 리얼리티와 연계되어 있다는 사실을 살펴보았다. 다음 장에서는 다양한 사례들을 통해 버추얼 리얼리티와 신체의 관련성에 대하여 살펴보도록 하자.

새로운 현실은 창조할 수 있는가?

감각과 정보로 만든 버추얼 리얼리티

4DX 영화의 등장이 의미하는 것

버추얼 리얼리티를 거론할 때 가장 먼저 생각나는 것이 두 눈을 고글로 덧씌운 헤드 마운트 디스플레이일 것이다. 요즘 텔레비전이나 영화를 버추얼 리얼리티라 부르는 사람은 없겠지만, 영상 매체는 최근 들어 버추얼 리얼리티에 가까워지고 있다고 생각한다. 1990년대 디지털 기술을 이용한 포토리얼리스틱(photo-realistic)한 영화의 정점을 찍은 것이 스티븐 스필버그 감독의 《쥬라기 공원》이다. 1993년에 개봉된 이 작품은 전 세계 흥행수입이 9억 달러에 달해 1997년 제임스 캐머런 감독의 '타이타닉'이 등장할 때까지 흥행수입 세계 1위를 기록한다. 공룡이 등장하는 영상 제작에는 고도의 시각효과기술과 생물을 본떠 제작한 로봇을 이용하여 촬영한 애니매트로닉스(Animatronics)[11]를 사용하는 등 컴퓨터그래픽뿐만 아니라 당시 첨단기술을 총집결시켰다. 영화에서 인간이 티라노사우루스에게 쫓기는 장면은 가히 압권이라 하겠다.

　리얼리티를 획득하기 위한 프로세스에 영화 《쥬라기 공원》이 차지하는 의미는 인간이 현실 세계에서 접할 수 없는 내용을 어떻게 생생하게 영화관에서 보여 줄 수 있느냐는 것이다. 이는 다양한 영상기술과 음향효과를 구사하여 인간의 현실감을 재구성하는 접근방식이라 바꿔 말할 수 있다. 시리즈의 네 번째 작품인 《쥬라기 월드》는 2015년에 개봉되었는데, 이 영화를 '4DX 디지털 극장(Digital Theater)'에서 관람한 사람도 있을 것이다. 3D 영화는 3D 안경을 쓰고 스크린을 입체적으로 볼 수 있는 시스템이지만, 4DX에서는 더 나아가 좌석이 영상에 맞춰 전후 좌우로 움직이고 폭풍우가 몰아치는 장면에서 물이 쏟아지거나 바람이 몰아치기도 하며 스크린의 상황에 맞는 냄새가 진동하는 등 마치 테마 파크의 어트랙션과 같은 구성으로 상영된다.

　더불어 2015년에 개봉된 호주 영화인 《매드맥스: 분노의 로드》 등은 4DX란 시스템 자체가 큰 화제를 불러온 작품이다. 기존의 3D 영화는 영상을 입체적으로 볼 수 있다는 점에서 버추얼 리얼리티에 근접하였다고 볼 수 있다. 그러나 최근에는 4DX와 같이 시각과 청각뿐만 아니라 촉각과 후각 등 모든 오감을 동원하여 인간의 현실감을 재구성하려는 시도가 영화관에서 이루어지고 있다. 따라서 영화는 버추얼 리얼리티가 지향하는 방향으로 한없이 근접하고 있다고 할 수 있을 것이다. 다만 영화는 모든 오감을 자극할 수 있기는 하지만, 사람의 신체는 스

---

11 특수 효과 기술의 일종으로 생물을 모방한 로봇을 사용하여 촬영하는 기술로서 Animate와 electronics를 조합한 단어이다.

크린이란 창을 매개로 영상과 완전히 분리되어 있으므로 우리가 영화의 세계에 직접 간섭할 수는 없다. 이것이 일방적 미디어인 영화의 한계라고 할 수 있다.

헤드 마운트 디스플레이가 선사한 현실감

인공적으로 만들어진 현실감의 세계에서 인간이 태어난다면 어떤 모습일까? 이 물음의 답을 전 세계에 알려 준 영화가 래리 워쇼스키와 앤디 워쇼스키 자매가 연출한 《매트릭스 시리즈》일 것이다. 1999년에 개봉된 시리즈 제1탄은 SF작품이면서 응집된 가상효과(VFX: Visual Effects)와 와이어 액션에 의한 쿵후 파이팅으로 크게 히트했던 일을 기억하는 사람이 많을 것이다.

키아누 리브스가 열연한 주인공 네오는 어느 날 정체를 알 수 없는 여자에게 '당신이 태어난 세계는 컴퓨터로 창조된 버추얼 리얼리티다'라는 말을 듣게 된다. 이를 자각하는 순간 네오의 눈에 들어온 것은 배양기 같은 캡슐에 갇혀 꼼짝할 수 없는 자신의 모습이었다. 《매트릭스》가 보여 주는 세계는 다름 아닌 현실 세계와 현실감이 교차하는 세계이다. 이러한 《매트릭스》 시리즈를 보며 헤드 마운트 디스플레이가 선사할 미래가 암흑세계가 될 것이라 믿는 사람도 많을지 모르나, 버추얼 리얼리티를 어떻게 이용할 것인가의 문제는 우리에게 달렸다.

현실에서 버추얼 리얼리티를 적용한 항공기 조종사 훈련에 주로 이용하는 '플레이트 시뮬레이터'를 예로 들자면 기름이 새서 나는 냄새나

회로가 타는 냄새 등 긴급사태가 발생했을 때 아주 효과적이다. 훈련보다 현실에 가까운 세계를 경험해 둠으로써 비상시에 적절히 대처할 수 있도록 하는 것이다. 군사훈련에도 이와 같은 시뮬레이터가 사용되는 경우가 있다. 이처럼 기술이란 시대를 막론하고 우리가 어떻게 사용하는가에 달려 있다.

한편 일본 버추얼 리얼리티 연구의 일인자인 도쿄대학교 명예교수 다치 스스무는 그의 저서에서 버추얼 리얼리티의 특징을 다음의 3요소로 정리하고 있다.

> 3차원 영화나 컴퓨터 게임의 장점을 종합하여 '3차원의 공간성'과 '실시간 상호작용성', 그리고 더불어 '자기 투사성(자신이 그 상황 속에 놓여 있다는 감각)' 등 3요소를 지닌 것이 버추얼 리얼리티이다. (『버추얼 리얼리티 입문』, 쓰쿠마신서, 2002.)

3D 영화를 예로 들면 입체적으로 볼 수 있기에 '3차원의 공간성'은 갖추고 있다. 그러나 3D 영화는 등장인물이나 캐릭터의 뒤로 돌아가는 등의 다른 각도에서는 볼 수 없다. 또한《스타트렉》의 홀로데크처럼 물체를 만지거나 직접 작동할 수 없으므로 다치 교수가 말한 '실시간 상호작용성'도 없다. 한편으로 헤드 마운트 디스플레이나 케이브는 머리 부위에 디스플레이 위치를 센서가 감지하여 가상 공간 속에서도 고개를 돌려 시점이 움직이는 것과 같은 느낌을 받을 수 있다. 또한, 가상 공간속에 등장하는 사물을 제어기로 작동할 수도 있다. 이러한 감각을 '심부감각'이라 하는데 인간에게 이 감각이 있다는 건 매우 중요하다.

심부감각은 눈이 감겨 있거나 코가 막혀 있는 등 자신의 신체가 어떤지, 그리고 각 관절과 힘줄을 어느 정도 굽혀야 하는지 등, 신체의 상태를 뇌가 인지하는 감각을 말한다. 이는 스포츠를 할 때 중요한 감각으로 개인에 따라 차이가 있다. 누군가가 이치로 선수처럼 멋진 야구선수가 되려고 배트를 열심히 휘둘러도 그와 같은 뛰어난 심부감각을 지니지 않았다면 같은 능력을 발휘할 수 없다. 따라서 우리는 심부감각과 그 밖의 감각을 종합함으로써 신체의 상태를 인식할 수 있다.

그러나 손에 닿는 촉각이나 풀 향기 같은 후각 등은 헤드 마운트 디스플레이로도 재현할 수 없다. 어디까지나 시각이나 청각, 그리고 머리를 움직이는 체성감각과 평형감각만 존재한다. 이처럼 시각과 청각을 재현하는 것만으로는 유령을 대하는 것과 다르지 않다. 만질 수 있어야만 유령이 아닌 실재한다는 사실을 겨우 확인할 수 있다. 그렇다고 만질 수만 있다고 괜찮은 것은 아니다. 냄새나 맛을 느낄 수 없으면 이는 우주복을 입고 있는 것과 같다. 헤드 마운트 디스플레이는 상당 부분 '자기 투사형(자신이 그 상황 속에 놓여 있다는 감각)'을 실현하고는 있지만, 촉각과 미각 및 후각에서는 아직 물리 세계에서 느끼는 주관적 등가에까지 이르지 못했다.

복수감각을 조합한 멀티모덜리티(Multi-modality)

우리가 경험하는 물리 세계는 버추얼 리얼리티의 세계와는 달리 눈에 띄는 것과 귀에 들리는 것, 즉 시청각정보가 일치한다. 또한, 오감뿐만 아니라 전정감각(평형감각), 심부감각 등 다양한 감각과 함께한다. 이러한 인간의 여러 감각 모델리티(Modality, 양상)가 불협화음을 일으키지 않고 서로 일치된 상태가 현실 세계이다. 그리고 이에 근접함으로써 현실감을 향상하고 주관적 등가를 만들어 내는 것이다.

앞장에서 소개한 고무손 착각현상(Rubber Hand Illusion)을 생각해 보자. 마치 자신의 손이 거기에 있다며 바라보는 시각과 붓으로 자신의 손을 쓰다듬는 촉각, 양쪽으로 자극을 준 것이다. 시각과 촉각 등 인간이 지닌 다양한 감각을 조합하는 것, 즉 다수의 양식을 조합한다는 의미에서 '멀티모델리티(Multi-modality)'라고 부른다. 이것은 여러 감각이 겹치면 겹칠수록 물리 세계와의 주관적 등가에 더 가까이 접근할 수 있다.

현재 연구과제 중 단연 첫손가락에 꼽히는 것은 이러한 다수의 감각을 어떻게 조합하며 감각 간의 상호작용은 어떻게 구성할까, 즉 감지해 낼 것이냐 하는 문제다. 케이브의 공동개발자 중 한 명인 다니엘 산딘은 '인간은 적외선을 감지할 수 있다. 다만 눈이 아닌 피부로'라고 말한다. 우리는 뱀의 '피트기관(Pit Organs)'처럼 적외선을 직접 계측할 수 있는 기관은 없지만, 눈을 감고도 여름철 직사광선 아래에서 피부표면의 온도변화(적외선에 의해)를 통해 감지할 수 있다.

앞장의 마지막에 등장한 '사이버네틱스'의 제창자이자 학자인 로버트 위너가 남긴 전설이 있다. 필자가 MIT 객원연구원으로 근무할 때 들었던 이야기이다. 위너는 엄청난 독서가로 알려졌는데 대학에서 강의하기 위해 교실로 향할 때도 책에서 눈을 떼는 법이 없었다. 요즘으로 말하면 걸으면서 스마트폰을 조작하는 '걷는 스마트폰'인 셈이다. 걷는 스마트폰도 그렇지만 걸으면서 책을 보는 것도 위험한 행위이다. 그러나 그는 '위너 걸음'이라 불리는 자신만의 보행방식이 있었다고 한다. 그것은 책을 보면 앞을 보지 못하기 때문에 벽에 손가락을 대고 요철을 따라가며 걸었다. 위너는 손가락과 발바닥의 촉각 등 체성감각으로 연구실에서 강의실까지의 길을 감지하며, 시각이 아닌 이들 감각기관을 통하여 이미 지도가 머릿속에 그려져 있었다. 위너의 천재성을 엿볼 수 있는 에피소드이다.

■

인간에게는 제3의 눈이 있다

■

위너의 걸음은 우리가 신체 감각을 어떻게 이용할 것이며, 새로운 현실감을 어떻게 디자인할 것인가에 대한 이야기라고 필자는 해석한다. 시각을 사용하지 않고도 촉각으로 '볼' 수 있고 걸을 수 있다. 이 점은 너무도 중요하기에 위너의 전설을 지금도 학생들에게 자주 언급한다. 이 같은 경우를 블라인드 사커(Blind Soccer: 시각장애인 5인제 축구)를 할 때 느꼈던 적이 있다. 블라인드 사커는 패럴림픽 정식종목인데 필자는 눈가리개를 하고 경기를 했다. 그러면 희한하게도 '보이지 않는데도 볼 수' 있다.

실제로 앞이 잘 보이지 않는 사람에게 '곁에 물건이 있다고 느껴지면 멈추세요'라고 부탁하면 생각보다 정확하고 빨리 멈출 수 있다고 한다. 그들은 벽을 향해 걸을 때도 마찬가지로 이마에서 어떤 기운을 느낀다고 한다. 데즈카 오사무의 『세눈박이 나가신다』라는 만화에서 주인공인 시야라쿠 호우스케가 이마에 붙인 반창고를 떼면 제3의 눈이 나타나 초능력을 지닌 악마의 왕자로 변신하는 모습이 나온다. 이것은 호우스케처럼 제3의 눈에 가까운 것일지도 모른다.

인간은 어떻게 기운을 감지할 수 있을까? 미야모토 무사시와 같은 검술의 달인은 어떻게 등 뒤의 공격을 감지하고 순식간에 되돌아설 수 있을까? 이러한 '기운의 과학'에 대한 연구가로는 도쿄대학 명예교수인 이후쿠 베토오루(伊福部達)를 꼽을 수 있다. 이후쿠에 따르면 일정한 장소에 물건이나 벽이 있거나 사람이 존재한다면 공간의 음향특성이 변한다는 것이다.

사람은 떨어진 낙엽을 밟는 소리를 듣고 누군가 가까이 다가온다는 걸 느낄 뿐만 아니라, 물리적인 사물의 존재로 인해 주위 공간의 음향특성이 변화를 일으켜 환경음이 조금만 변해도 청각을 통해 '볼' 수 있다. 그래서 대부분 사람은 귀가 들리지 않으면 곧잘 벽에 부딪친다. 때문에 현재 여러 기업에서 연구 개발하고 있는 버추얼 리얼리티의 시스템도 머리부위 운동과 환경변화에 따른 음향특성의 변화를 활용한 시스템으로 귀착되고 있다. 가까운 미래의 헤드 마운트 디스플레이는 더 인간의 현실감에 가까이 다가갈 수 있으리라 확신한다.

1974년부터 「주간 소년 매거진」에 연재된 『세눈박이 나가신다(三つ目がとおる)』의 DVD.

■ 왜 엔터키를 연거푸 눌러야 하는가?

■

멀티모덜리티의 일치가 얼마나 강력한가를 보여 주는 에피소드가 있다. 미국의 36대 대통령이

ㄹ 시애틀 항공박물관에 전시된 에어포스 원의 온도조절기.

었던 린든 존슨이 대통령 전용기인 에어포스원에 있는 집무실에서 일
할 때이다. 그는 온도 변화에 몹시 민감해서 온도가 높으면 낮추라 하
고, 낮으면 높이라 하는 등 꼬치꼬치 세심하게 지시를 하였다. 이에 일
일이 대응하기가 귀찮아진 부하가 대통령에게 온도를 조절할 수 있는
손잡이를 주었다. 그러자 대통령은 그 이후 일언반구 요구사항이 없었
다고 한다.

사실 그 온도조절 스위치는 가짜였다. 유사한 모양의 텔레비전 스
위치를 준 것이다. 비행기의 온도조절 스위치는 개개인이 조작할 수 없
고 다만 조종석에서만 조절이 가능할 뿐이다. 그런 줄 모르는 대통령은
스스로 세심하게 온도를 조절하고 있다 여기며 만족했다고 하는 웃기
는 이야기이다. 참고로 이 에어포스 원은 시애틀의 항공박물관에 전시
되어 있다.

신체를 인터페이스로 파악할 때 본인이 직접 조작하는 감각은 중요
하다. 과거 가정용 게임기는 소프트웨어를 읽어 내고 다음 화면으로 이

동하기까지 시간이 걸린다. 이 같은 로딩 시간이 길수록 게임이용자로부터 불평이 쏟아져서 게임 소프트웨어 개발자는 고민에 빠졌다. 이러저러한 고민 끝에 로딩 시간 중간에 '다음 화면으로 빨리 이동하려면 엔터키를 연속으로 눌러 주십시오'라는 메시지를 게임이용자에게 보냈다. 그렇게 엔터키를 연거푸 두드리면 벽이 열리고 다음 화면으로 이동할 수 있었다. 게임 로딩 시간과 엔터키를 두드리며 지나간 시간은 같았지만, 게임 이용자들의 스트레스는 줄었다고 한다. 입력에 대한 선입견과 착각이 불러온 사례이다.

선입견은 신체에 영향을 미친다

가짜 정보에 의한 선입견이 신체에 미치는 영향에 대하여 연구한 것으로 고베대학교 데라다 쓰토무(寺田努)의 논문 '허위정보 피드백을 이용한 생태정보의 제어시스템(2012)'이 있다. 이 실험에서는 우선 피험자에게 '에어로 바이크(aero-bike)'에 태워서 운동 중 심박 수를 계측한다. 그리고 피험자에겐 실제 심박 수와 다른 허위 정보를 보게 하고 신체의 반응을 살펴본다. 예를 들면 심박 수가 이상 수치를 나타내고 있지만, 평상시와 가까운 것처럼 가공하는 등의 일이다. 그 결과 모인 데이터의 50%에서 유의미한 차이가 인지되었다고 한다.

심박 수가 올라갔는데 올라가지 않는 것처럼 보이면 신체는 이 정보의 영향을 받아 실제 심박 수가 허위정보에 가까워졌다고 한다. 다만 영향이 있는 건 사실이지만 개인차에 따른 차이는 있었다. 이는 예전부터 잘 알려진 플라시보[placebo, 위약(僞藥)] 효과가 다른 형태로 기능한다는 걸 보여 준다. 플라시보는 겉으로는 진짜 약처럼 보이지만 약성분이 전혀 없는 유당이나 녹말 등의 가짜 약을 먹어도 신체에 영향을 끼친다는 것이다.

여기서 환자가 약이라고 믿었다는 것이 중요하다. 유명한 정보방송에서 'ㅇㅇㅇ의 먹을거리가 △△△에 효과 있다!'라는 특집이 편성되었는데 약리적인 효과와는 별개로 실제로 믿는 사람에게는 분명히 효과가 있었을 것이다. 요컨대 우리가 직접적인 의지로 제어하기 힘든 생리적인 반응도 '정보'에 의해 제한적이긴 하지만 제어할 가능성을 시사하고 있다.

3종류의 버추얼 리얼리티

지금까지 버추얼 리얼리티의 사례와 에피소드를 소개하면서 신체와의 관계를 고찰해 보았다. 버추얼 리얼리티는 컴퓨터 게임의 영향 등으로 일시적으로 '가상현실'이라 부르기도 했지만, 개념 잡기가 어려운 단어 중의 하나이다. 파생한 개념이 많은 것도 한 원인이다. 이 책에서는 크게 3종류로 나누어 살펴보고자 한다.

첫 번째는 컴퓨터 등에 의해 만들어진 인공적 사이버 스페이스를 제시하는 경우다. 컴퓨터그래픽으로 표현한 매트릭스적 세계관이라 바꿔 말해도 괜찮다. 이러한 세계관은 버추얼 리얼리티라는 낱말이 널리 알려지기 이전에 인공현실감(Artificial Reality)이라 불렸다. 좁은 의미의 버추

얼 리얼리티를 가리킨다.

두 번째는 텔레비전 생방송처럼 실사(實寫)를 이용하는 경우이다. 특히 이 경우에는 원격지의 상황도 현실 세계와 같은 현실감을 던져 주기 때문에 '원격존재감'을 의미하는 '텔렉시스턴스(Telexistence)'나 '텔레프레즌스(Telepresence)'라 부르기도 한다. 자세한 내용은 뒤에 설명하겠지만 후지이 나오타카의 '대체현실(SR: Substitutional Reality)'도 현실 세계의 시간축을 돌려놓는다는 의미에서 이 두 번째의 경우에 속한다고 생각한다.

세 번째는 첫 번째와 두 번째 경우가 합쳐진 세계이다. 요컨대 컴퓨터가 만들어 낸 세계와 실제 세계란 두 개의 세계를 적극적으로 겹쳐놓은 시스템을 가리킨다. 이를 '증강현실감(AR: Augmented Reality)', 혹은 '복합현실감(MR: Mixed Reality)' 등이라 부른다. 가령 자동차 앞유리에 카내비게이션 시스템의 정보를 재생하는 헤드업 디스플레이(HUD: Head-Up Display)나 도감에 스마트폰을 비추면 3D 컴퓨터그래픽으로 움직이는 공룡이 나타나는 시스템 등이 있다.

그리고 실제 세계에서 어떤 물체를 시각적으로 제거한 '감소현실감 (Diminished Reality)'이라 부르는 시스템도 개발 중인데 머리말에서 소개한

'광학미채'도 그중 하나라 할 수 있다. 강조하고 싶은 점은 버추얼 리얼리티가 시각과 청각 외에 다양한 감각기관에도 성립한다는 것이다. 곧잘 꿈과 현실을 구분하기 위해 자신의 **뺨**을 때릴 때가 있다. 이때 **뺨**에서 느끼는 촉각도 자신의 신체를 인식하는 중요한 감각이다.

이처럼 버추얼 리얼리티를 이용하여 촉각을 만들어 내는 연구는 연구가들에게 뜨거운 관심사이며, 나아가 앞으로는 미각과 후각에 대해서도 같은 연구가 진전되리라 생각한다. 다음 장에서는 다양하게 등장하는 새로운 개념을 정리하고 그 연구 과정과 사례를 소개하면서 증강인간공학의 지평을 넓혀 나가고자 한다.

인간은 이미 떠난 장소에
실재할 수 있을까?

탈신체로서의 텔레이그지스턴스

로봇이 대신하다

앞에서는 컴퓨터와 네트워크, 혹은 픽션(소설 또는 영화) 속에서 인공적으로 만들어진 사이버스페이스 영역의 버추얼 리얼리티에 대하여 고찰해 보았다. 이제부터는 두 번째 경우인 실사를 이용한 버추얼 리얼리티, 특히 원격지에도 현실 세계와 같은 현실감을 실시간으로 제공할 수 있는 '텔레이그지스턴스(Telexistence)'에 대하여 설명해 보고자 한다.

텔레이그지스턴스는 동일 인물이 멀리 떨어진 장소에 있더라도 같은 시간에 실재할 수 있으려면 어떻게 해야 하는지를 해결하려는 것이다. 바꿔 말하면 로봇이나 인공지능이 대신할 수 없는 업무를 인간이 흡사 실재하는 듯한 환경을 만들어 진행하는 것이 텔레이그지스턴스이다. 현재 가장 발전한 분야로는 의사가 원격지에 있으면서 환자를 진찰할 수 있는 원격의료시스템이 있다. 의사가 원격에서 진찰하는 아이디

⁊ 로버트 하인라인의 소설 『왈도(Waldo)』에 등장한 텔레오퍼레이션.

어는 '텔레닥틸(Teledactyl)'이라 불리는 원격진찰시스템으로서 1925년에 출판된 미국의 잡지 '사이언스 앤드 인벤션'에 개재된 소설에서 등장한다. 소설을 쓴 이는 세계적으로 저명한 SF작가 휴고 건스백이다.

　　그리고 미국의 SF작가 조지프 슐로셀이 발표한 1928년의 단편작품 『달을 향한 대리인(To the Moon by Proxy)』은 달을 향한 우주여행을 로봇이 대리인 자격으로 가게 되는 이야기이다. 여기서 원격조작을 통해 로봇을 조종하여 달에서 탐사작업을 하는 아이디어가 등장한다. 또한, 우주의 전사가 착용하는 파워 슈트를 제창한 SF작가도 있으며, 로버트 하인라인의 『왈도(Waldo)』에서는 원격으로 조작이 가능한 텔레오퍼레이션(Teleoperation)이 등장한다. 근무력증을 앓고 있던 천재과학자 왈도가 부

🐾 제너럴 일렉트릭사가 개발한 영화에 등장한 로봇.

자유스러운 신체를 극복하기 위하여 아주 미약한 힘으로도 다양한 기계를 조작할 수 있는 '왈도스(Waldoes)'를 발명한다는 줄거리다. 여기서 그는 컬러텔레비전을 보면서 머니퓰레이터(Manipulator, 손으로 조작하는 것)를 조작한다.

소설 『왈도』는 이후 많은 과학자에게 영향을 미쳤다. 가령 미국의 컴퓨터 과학자 마빈 민스키는 1980년 과학 잡지에 썼던 기고문에서 이제 우주개발에 텔레프레젠스(Telepresence)[12]가 필요하다고 썼으며 특히 『왈도』에서 착상했다는 사실을 분명히 한다. 나아가 머리말에서 서술

---

12 'tele'와 'presence'의 합성어로 상대방을 보며 회의하는 화상회의를 말한다.

했다시피 MIT 인공지능연구소의 창설자로서 소설의 영향을 받아 스탠리 큐브릭 감독의 영화 《2001: 스페이스 오디세이》에 등장하는 인공지능 'HAL'의 콘셉트를 고안했다.

실용화로 나아가며 최초로 등장한 것은 로봇 분야에서의 텔레오퍼레이션(원격조작) 기술이다. 장소를 벗어나서도 머니퓰레이터로 조정되는 로봇에게 지령을 내려 작동하는 것이다. 1953년의 《오맨(O-Man)》과 1958 - 59년 《핸디맨(Handyman)》에 등장한 로봇을 제너럴 일렉트릭사가 개발하였다. 또한, 앞서 서술한 이반 서덜랜드도 버추얼 리얼리티 시스템을 개발하기 전에 헬리콥터에 부착한 고감도 카메라를 조종사의 머리 움직임과 동기화하여 헤드 마운트 디스플레이에 표시하는 야간조종지원시스템을 개발했다.

이처럼 로봇과 기계 분야에서의 텔레오퍼레이션과 현재의 버추얼 리얼리티로 이어진 인터페이스 기술이 합쳐져 등장한 새로운 개념이 '텔레이그지스턴스'이다. 이 개념은 도쿄대학교 명예교수인 다치 스스무가 1980년 9월에 발안하여 제창했는데 불과 2개월 전에 마빈 민스키가 텔레프레젠스라는 거의 같은 개념을 제시했다는 점도 흥미로운 역사적 사실이다.

다치 교수는 비행기 조종을 예로 들어 텔레오퍼레이션과 텔레이그지스턴스의 차이를 설명한다. 텔레오퍼레이션이 손잡이의 리모컨으로 조종하는 것이라면 텔레이그지스턴스는 자신이 직접 타고 있는 듯한 감각으로 조종하는 상태를 실현한 것이다. 결국, 인간이 더욱 생생한 현장감으로 조종하는 것이 텔레이그지스턴스라는 것이다. 따라서 텔레이그지스턴스가 추구하는 바도 역시 주관적 등가인 현실감의 세계이며 원격지의 환경을 눈앞에 재현하는 방법을 찾는 데 있다.

점보그 A

다치 교수가 논문에서 언급한 텔레이그지스턴스의 좋은 사례가 《울트라맨 시리즈》로 유명한 쓰부라야 프로덕션 원작에 우치야마 마모루가 그린 만화 『점보그 A』이다. 1973년에는 쓰부라야 프로덕션이 특별히 텔레비전 방송용으로 제작하여 방송하였다. 핵심은 주인공인 신이치가 조종 훈련을 전혀 받지 않은 소년으로 덩치 큰 로봇인 점보그 A를 움직인다. 이런 기본설정에서 신이치의 동작을 그대로 따라 하는 조종방법(Direct Manipulation, 직접적인 조작법)이 탄생한 듯하다.

점보그 A를 조종할 때 신이치는 점보그 A가 보고 있는 세계와 같은 세계를 보고 있다. 가령 괴수의 습격을 받는 여자아이를 보고 '위험해!'라고 소리치며 상당히 현실감 있게 조종하는 장면이 만화에 등장한다. 이와 관련해서 일본 산업기술 종합연구소의 웹페이지에 「SF와 과학기술에서의 텔레이그지스턴스형 로봇 조종시스템의 역사 – 점보그 A와 그 후의 발전」이라는 다치 교수가 기고한 논문이 게재되어 있다.

그리고 다치 교수가 텔레이그지스턴스의 실험로봇으로 1989년에 연구·개발한 것이 인간형 로봇 '테레사'이다. 로봇에 입체 카메라와 마이크로폰을 탑재하고 헤드 마운트 디스플레이를 장착한 사람이 보고 싶고 듣고 싶은 곳을 향하면 로봇이 동기화하여 움직이는 구조이다. 허리가 반원을 그릴 정도로 회전할 수 있으며 자유롭게 움직이는 팔을 지

1973년 방영된 《점보그 A(ジャンボーグA)》에 나오는 조정석.

니고 있다. 자신의 신체를 움직여 조작할 수 있으므로 테레사는 연습 없이도 벽돌을 쌓거나 바늘을 꿰는 일 등의 작업을 할 수 있다. 그리고 원격지에 있으면서 흡사 자신이 테레사 안에 타고 있는 듯한 감각을 가질 수도 있다. 필자 역시 처음 테레사를 조작할 때 아무런 설명서 없이 조종이 가능해서 무척 감동하였던 것을 기억한다.

테레사는 그 후에도 개량을 거듭하여 최신 모델인 '테레사 V'는 손에 박힌 센서를 통하여 테레사가 만지는 물건의 모양과 굳기 정도, 그리고 온도 등을 감지할 수 있다. 참고로 음식을 테마로 한 「주간소년 점프」의 격투만화 『토리코』에서는 'GT로봇'이 등장하는데 정식명칭은 '구루메 텔레이그지스턴스 로봇'이며 작품 속에서 다치 스스무의 이름도 소개된다. 이 로봇은 시각과 촉각 및 청각뿐만 아니라 후각과 미각도 충실하게 조종하는 사람에게 전달한다. 후각과 미각이 실현되기까지는 아직 연구의 과정이 요원하지만, 텔레이그지스턴스란 개념은 이미 만화에서 활용되고 있다.

'철인 28호'는 조이스틱 2개로 움직이는가?

　무선모형(라지콘)의 조종기와 같은 조이스틱으로 로봇을 자유자재로 조종하는 방법은 없을까? 이를 실현한 이가 오사카대학에서 로봇공학 등 인간과 기계의 관계를 연구하고 있는 마에다 다로(前田太郎) 교수다. 마에다는 앞서 소개한 점보그 A 논문의 공동저자이기도 하다. 요코야마 미쓰테루의 만화 『철인 28호』에서 주인공 쇼타로가 거대로봇 '철인 28호'를 조작하는 리모컨은 조이스틱 2개뿐이다. 대다수 사람은 이것으로 로봇을 움직일 수 없을 것이라 여기지만 마에다가 연구하는 '생각 제어'는 조이스틱 2개로 로봇을 움직이게 한다.

　그렇다면 로봇을 자유자재로 움직이게 하려면 2개의 조이스틱을 어떻게 작동해야 할까? 자기 자신을 방어하면서 걷고, 적에게 다가가 발차기와 펀치로 넘어뜨리기 위하여 격투 게임 하듯 조이스틱의 조작 명령어를 학습하고 … 보통은 이렇게 할 것이다. 그런데 마에다의 '생각 제어'는 조작방법을 기억할 필요 없이 자신의 조작방법을 컴퓨터가 기억하도록 만드는 역발상의 접근방식을 취하고 있다. 방법은 다음과 같다.

1956년 일본 잡지 『쇼넨』에 최초로 연재된 『철인 28호(鉄人28号)』 단행본 표지.

　우선 로봇의 동작에 맞춰 로봇을 조종하고 있다는 '생각'으로 조이스틱을 작동한다. 팔을 들어 펀치를 날리고 한쪽 다리를 들어 돌려차고 …, 다양한 로봇의 동작에 맞춰 인간이 쥐고 있는 조이스틱에 상하좌우의 작동과 힘의 가감 등을 계측하여 컴퓨터에 입력한다. 조작하는 사람에 따라 조율할 필요가 있지만, 입력과 출력을 관련지음으로써 로봇이 더 복잡한 동작을 해낼 수 있다. 이처럼 '생각 제어'는 로봇과 인간 신체 간의 상호작용을 학습시키는 새로운 방법이다. 주관적 등가에 다가가려는 텔레이그지스턴스의 방법과는 다른, 인간과 기계의 관련성을 모색하는 연구라고 할 수 있다.

■

탈신체의 시도

■

필자가 처음으로 텔레이그지스턴스를 체험한 것은 앞서 이야기한 것처럼 대학원 석사과정 중 다치 스스무 교수의 연구실을 방문했을 때였다. 헤드 마운트 디스플레이를 머리에 쓰고 가장 먼저 놀랐던 것은 화면에 표시된 원격로봇의 영상이 '뜻밖에 입체적이지 않다'는 점이다. 하지만 짐짓 다시금 생각해 보면 우리가 보통 접하는 현실 세계는 영화관이나 박물관처럼 관객들이 놀랄 만큼의 입체영상, 즉 눈이 휘둥그레질 정도로 '입체적이다' 할 만큼 입체감이 있는 건 아니다. 따라서 텔레이그지스턴스 시스템은 우리가 일상에서 대할 수 있는 적절한 입체감을 정확하게 재현했다고 할 수 있다.

이어서 필자가 손을 보려고 머리를 움직이면 원격 로봇의 머리가 똑같이 움직인다. 그리고 원격로봇의 카메라와 실시간 동기화되어 필자의 시선이 로봇 팔을 향하면 자신이 로봇이 된 듯한 감각에 사로잡힌다. 착용하고 30초 정도면 탁자 위에 있는 나무 장난감을 집는 등 자유

꘍ 닛산의 전방위 모니터.

롭게 로봇을 다룰 수 있게 된다. 한동안 나무 장난감을 가지고 놀다가 지루해질 무렵 집주변을 바라보자 어딘가에서 본 듯한 등이 눈에 들어온다. 한참을 눈치채지 못하다가 그 등이 자신의 등이란 걸 알고 나중에서야 놀람을 금치 못했다. 이 충격적인 사실을 체험하기까지 마음은 내 몸 안에 존재한다고 믿었다. 그러나 그 확신이 흔들렸다. 의식이 육체로부터 분리되는 '유체이탈'처럼 원격로봇이 있는 위치로 내 마음이 이동한 것 같은 느낌이었다.

근래 들어 텔레프레젠스(Telepresence)의 콘셉트에 한정하지 않고 인간의 현실감을 신체의 외부로 꺼낼 수 있는 기술이 여러 각도로 연구되고 있다. 이 책에서는 인간의 신체 외부로 향한다는 의미에서 '탈신체(脫身體)'라는 단어를 사용하고 싶다. 지금부터는 텔레프레젠스에도 적용할 수 있는 탈신체의 시도를 소개해 보고자 한다.

도쿄공업대학교의 하세가와 쇼이치(長谷川晶一)는 스키에 심취한 나머지 3인칭 시점으로 스키를 즐기는 방법을 연구하기 시작하였다. 우선 등에 작대기 같은 기구를 메고, 작대기 끝에 영상을 촬영할 카메라를 설치하여 헤드 마운트 디스플레이를 장착한 스키를 타는 것이다. 필자도 체험해 봤는데 단순한 구성이면서도 제삼자 시점(Third Person View)으로 스키를 타는 자신의 모습을 본다는 것에 흡사 유체이탈을 하는 듯한 느낌을 받았다. 마치 레이싱 게임 등에서 캐릭터의 대각선상 시점에서 조작하는 것과 같다. 흔히 발레나 춤을 거울 앞에서 연습하는 것처럼 자신의 신체를 보면서 스키를 타기 때문에 활강할 때의 장단점을 찾아 개선하여 실시간으로 자신의 동작과 자세를 조정할 수 있다.

닛산(日産) 등이 자동차에 도입한 '전방위 모니터(Around View Monitor)'도 같은 원리이다. 자동차를 위에서 보고 있는 듯한 영상을 통해 주변 상황을 확인하며 주차 등을 할 수 있도록 지원하는 기술이다. 이 시점에서는 운전석에서 볼 수 없는 사각지대의 장애물도 알아차릴 수 있다. 전방위 모니터를 실현하기 위해서는 자동차의 전후좌우에 4개의 광각 카메라를 설치한다. 이 4개의 영상을 소프트웨어로 처리하여 합성하면 위에서 보는 듯한 영상이 만들어진다. 특히 세로로 주차를 하면서 전방과 후방을 동시에 확인해야만 할 때 편리함을 실감할 수 있다.

드론의 시점에서 조작하다

하세가와의 스키 같은 시도를 소형 무인 비행기인 드론을 이용하여 실현하려고 했던 이가 증강인간 연구 분야의 선구자인 도쿄대학교의 레키모토 준이치((曆本純一)다. 연구에 등장하는 '플라잉 아이즈(Flying

ㄹ 작동자와 같이 움직이는 플라잉 헤드(lab.rekimoto.org).

Eyes)'는 자신의 대각선상 위에서 자율비행으로 쫓아오는 드론에 카메라를 탑재하여 드론의 시점에서 자신의 뒷모습을 헤드 마운트 디스플레이로 보면서 움직일 수 있게 만든 구조이다. 비행할 때 제삼자 시점이 되는 것은 하세가와의 스키와 같은 방식이다.

근래 드론으로 촬영한 영상을 헤드 마운트 디스플레이로 보면서 서로 겨루는 '드론 임팩트 챌린지(Drone Impact Challenge)'라는 대회도 열린 바 있다. 현장감 있는 시점으로 드론을 조종하는 모습은 실로 박진감 넘친다. 스피디하게 조종해야 해서 간단하진 않지만 버추얼 리얼리티가 선사한 새로운 현실감을 이용한 시도는 흥미진진하다.

레키모토의 연구는 현재 '플라잉 헤드(Flying Head)'라는 형태로 결실을 보고 있다. 플라잉 헤드는 인간이 움직이는 동작과 드론의 움직임을 동기화하려는 시도이다. 머리를 가로로 저으면 드론도 같은 방향으로 회전하고 아래로 향하면 드론의 고도도 그만큼 내려오는 등 조작하는 당사자를 동기화된 별개의 존재로 느끼게 해 주는 시스템이다.

　만화『도라에몽』의 마법의 도구인 '대나무 헬리콥터'를 타고 하늘을 날아다니거나 거인이 된 것처럼 거리를 활보하는 등 플라잉 헤드로 탈신체를 가볍게 체험할 수 있는 날도 멀지 않다. 이러한 연구가 발전하면 화재나 의료 등 전문적인 기술자가 필요한 현장에 사람 대신 원격에서 작업과 처리 과정을 진행할 수 있다고 한다. 또한, 조작체험 자체가 엔터테인먼트이며 더 나아가 스포츠 분야의 트레이닝과 재활 등에 이용하는 등 용도가 다양하다.

　레키모토의 연구에 같은 시스템을 이용한 '아쿠아케이브'란 것도 있는데 이는 수조 주위에 있는 프로젝터로 수조 벽을 스크린 삼아 영상을 투영하고 그 안에서 사람이 수영할 수 있도록 만든 장치이다. 액정 셔터글라스(Shutter Glass)로 된 수중 카메라를 장착하고 있어서 넓은 시야의 입체영상을 보면서 수영할 수 있다. 따라서 이 장치를 이용하면 평소에는 건성으로 풀에서 수영하던 선수도 연습할 때 의욕이 생길 수 있을 것이다. 또한, 수영장 바닥에 카메라와 디스플레이를 갖춘 이동 로봇을 설치함으로써 수영 중에도 수영선수가 자신의 자세를 확인할 수 있는 시스템도 개발 중이다.

■

시점으로 바뀌는 세계

■

　이처럼 사용하기 좋은 헤드 마운트 디스플레이가 등장함으로써 다양한 시점으로 세상을 간단하게 볼 수 있게 되었다. 앞서 드론에 카메

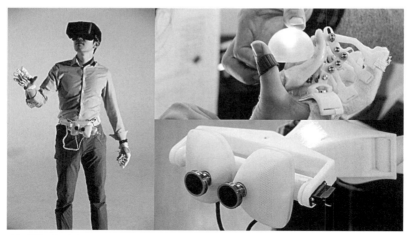

ⓒ 차일드후드(s2015.siggraph.org).

라를 설치한 예를 소개했는데 경주용 자동차에 카메라를 탑재하고 컴
퓨터 게임과 같은 시점으로 조작할 수도 있다. 인간의 키 높이에서 경
주용 자동차를 보고 조작할 때(텔레오퍼레이션)와 비교하면 신체를 벗어나
경주용 자동차의 시점에서 조작할 때(텔레이그지스턴스)의 속도감은 비교
할 수 없을 만큼 빠르고 조작하기도 한층 어렵다. 어린 시절, 화물을 실
은 짐차에 납작 엎드려 등에서 밀려드는 엄청난 바람을 견디기 위해 애
썼던 기억이 있는데 그때의 속도감과 같다. 시점의 높이가 변함에 따라
현실의 느낌이 완전히 다르다.

　　2001년 미국에서 벌어진 동시다발 테러사건이나 2011년 일본에서
일어난 후쿠시마 제1 원자력발전소 사건에서 인명 구조와 원자로 내의
탐색을 위하여 '팩봇(PackBot)'이라는 원격 조작이 가능한 소형 로봇이
사용된 적이 있다. 필자도 촬영된 영상을 봤지만 팩봇은 지표면과 거의
맞닿은 시점에 카메라를 설치했기 때문에 조종하기가 어려웠다. 이처

럼 로봇을 이용하여 매몰 현장에서 사람을 찾는 일을 하자면 익숙해지기까지 훈련이 필요하다. 그래서 이러한 소형 로봇의 카메라로 촬영한 영상을 조종자 시점으로 화상을 다시 재조합하는 시스템을 개발하였다. 이에 따라 소형 로봇의 조종이 한층 개선될 수 있었다.

또한, 헤드 마운트 디스플레이를 사용하여 시점의 높이를 바꿀 수 있는 버추얼 리얼리티 작품으로 쓰쿠바대학교 학생이 제작한 '차일드후드(CHILDHOOD)'라는 작품이 있다. 이것은 어른 허리띠 위치에 렌즈 2개가 장착된 카메라를 달아 어린이의 눈높이에서 촬영한 영상을 헤드 마운트 디스플레이를 통해 살펴볼 수 있는 간단한 작품이다. 그리고 시각뿐만 아니라 어린이가 사물을 만질 때의 감각과 물체를 쥘 때 필요한 악력을 재현하기 위하여 손과 손가락에 외골격을 입히고 과일과 컵 등을 거북하게 다루는 모습도 재현한다. 결론적으로 어린이의 관점에서 세상을 바라보는 시스템이다.

차일드후드는 실제 체험해 보면 신기한 작품이다. 상대방을 올려다보며 말해야 하므로 마치 소인(小人)이 거인(巨人)에게 둘러싸여 있다는

2015년 개봉된 페이튼 리드 감독 《앤트맨(Ant-Man)》의 한 장면.

압박감을 느낀다. 이것을 착용하고 턱이 높은 에스컬레이터를 탈 때의 느낌은 생각보다 빠른 속도에 놀란다. 어렸을 때 에스컬레이터를 탈 때마다 가슴이 두근두근했던 기억이 생각날 것이다. 모든 물체가 크게 보인다는 점에서 미국의 코믹 히어로를 영화화한 《앤트맨》의 주인공이 본 세계와 같다. 의자와 책상, 엘리베이터의 누름단추와 에스컬레이터 등 보통 때라면 무심코 지나칠 것들이 어린이의 눈높이에선 너무나 높은 위치에 있다는 걸 새삼스레 느낄 수 있다.

차일드후드는 2014년 일본 버추얼 리얼리티 학회가 주최한 '국제학생대항 버추얼 리얼리티 콘테스트'에서 종합우승을 차지한 작품이다. 이러한 헤드 마운트 디스플레이를 통하여 평소와 다른 현실감을 체험해 보면 인간의 신체는 각자의 눈높이로 환경과의 위화감 없이 자연스럽게 움직여 조정하고 있다는 사실을 알 수 있다. 우리는 신체를 '길들이고 있는 것'이다.

◼

현실을 떼어 놓는 SR시스템

◼

인간을 실시간으로 다른 장소에 실재하는 것이 아니라 시간 방향을 달리하여 실재할 수 있도록 하려는 연구가 있다. 앞장에서 사회적 뇌의 기능에 대한 연구자로 등장한 후지이 나오타카가 제창한 '대체 현실(SR) 시스템'이다.

방법은 다음과 같다. 우선 체험자가 집에 들어가 자리에 앉을 때까지의 영상과 실험이 시작되기까지 대화 나누는 장소를 눈높이의 위치에 설치한 파노라마 카메라로 미리 촬영한다. 그리고 체험자는 헤드 마운트 디스플레이를 장착하고 자리에 앉는다. 이어 체험자의 헤드 마운트 디스플레이에 현재 라이브 영상과 과거 영상을 시의 적절하게 교체하면서 함께 표시한다. 그러면 현재 영상과 과거 영상 모두 헤드 마운트 디스플레이에 전방위로 살펴볼 수 있으며 음성도 헤드폰을 통해 흘러나오기 때문에 체험자는 한동안 어디가 현실인지 구별하기가 어렵다.

실험실에 들어서기 10분 전의 자신과 대면하는 등으로 인해 그야말로 시간 감각을 뒤흔드는 시스템이다. 미리 준비한 현실로 대체하는(대체할 수 있는) 것이기 때문에 '대체현실 시스템'이라 명명하기도 한다. 이 헤드 마운트 디스플레이를 장착하고 비디오 영상과 다른 영상을 편성하여 현실 세계 속에 가상공간을 구축하는 기법을 '비디오 시스루(Video See-Through)'라 부르며 복합현실 등을 만들 때 사용하고 있는 기술이다.

이 실험의 핵심은 광학 시스루가 아닌 비디오 시스루를 사용한다는 점이다. 광학 시스루는 하프 미러 등을 이용하여 현실 세계 속에 광학적으로 가상물체를 투영하는 방식이다. 비디오카메라로 합성한 것보다 더욱 생생한 현실감을 실현할 수 있다. 한편 비디오 시스루는 일회용 카메라로 촬영하기 때문에 비디오를 통한 현실의 해상도는 낮다. 그러나 'SR시스템'의 핵심은 비디오 시스루 자체보다 현실의 해상도를 낮춰 대체할 현실을 제시한다는 사실이다. 현실을 구현한 영상의 해상도가 낮으므로 체험자는 현실과 가상을 구별하기가 어렵다. 이처럼 버추얼 리얼리티는 주관적 등가에 의해 컴퓨터로 생성한 인공세계의 해상도를 높이기 위해 연구했지만, 대체현실은 그 반대 방향을 지향하고 있다는 점에서 참신하다.

'보이스 피싱'도 현실보다 음질이 낮은 '전화'라는 매체로 이야기하기 때문에 직접 보지 않고도 거짓말에 속아 넘어간다는 점에서 SR시스템과 유사한 체험이라 할 수 있다. SR시스템의 놀라운 점은 이를 체험한 후 체험자 대다수가 '지금 눈앞의 이 세계가 현실일까?'라는 의문을 표시했다는 것이다. 체험한 후 실제 세계의 리얼리티가 사라져 현실감이 떨어진 것이다. 상당히 강력한 체험이다. 일본 나가사키에 있는 테마파크 하우스텐보스에서는 호러 어트랙션 '나이트메어 라보(Nightmare Laboratory)'로 SR 시스템을 체험할 수 있으므로 오락거리로 한번 방문해 보면 좋을 듯하다.

리얼과 버추얼이 교차하다

대체현실은 시간 방향과 어긋나 있다는 점에서 '현실감의 흐름'을 편집한 구조라고 봐도 좋을 듯하다. 여기에 기록된 영상은 소위 정보화된 세계이다. 이제까지 많은 버추얼 리얼리티 시스템이 리얼과 버추얼을 '1인가 0인가'로 나누어 분석했다면 SR시스템은 리얼(현재)과 버추얼(과거) 사이에 연출과 디자인을 할 수 있는 영역인가 그렇지 않은가를 감지할 수 있는 연구이다. 후지이는 같은 사고방식을 토대로 SR시스템의 체험자 신체를 반투명한 영상에 겹쳐 보려는 연구도 진행하고 있다. 체험자는 이미 자신의 손을 보고도 리얼과 버추얼 중 어떤 세계를 보고 있는지 혼란스럽다.

지금까지 살펴본 바와 같이 헤드 마운트 디스플레이를 정교하게 이용한 텔레이그지스턴스란 콘셉트를 구현함으로써 인간의 육체에서 마음을 '공간적'으로 해방해 다양한 탈신체적 시스템을 이뤄 낼 수 있었다. 또한, 현재 SR시스템과 같이 마음을 '시간적'으로 해방하려는 연구가 등장하여 새로운 지평을 열어 나가고 있다. 이처럼 아날로그식 육체를 지닌 인간의 신체와 현실감이 디지털 정보공간에 스며들 수 있다면 가변성, 복제성, 전송성, 검색성, 보존성이란 정보화의 특성이 신체에도 영향을 미칠 것이란 사실을 시사하고 있다. 3D 스캐너와 3D 프린터는 물체를 정보로 변환하기 위해 빛의 속도로 이동할 수 있는 기술이라 본다면 인간의 신체도 같은 방식으로 가능할까. 신체가 디지털화된다면 인간은, 그리고 사회는 어떻게 변화되어 갈까? 다음 장에서 자세하게 살펴보도록 하자.

3장

포스트
신체 사회를
고안하다

로봇은 왜 인간형인가?

분신 로봇과 휴머노이드

로봇 분야에서 존재감을 드러내는 구글

지금까지 제1장에서는 증강신체 사례를 살펴보면서 보철에서 증강으로의 흐름을 정리하였다. 그리고 뇌가 도구를 취급할 때 신체에는 어떤 현상이 일어나는가, 신체의 경계선은 어디를 말하는가 하는 문제들을 찾아보았다. 제2장에서는 신체와 오감이 인터페이스로서 인간과 외부세계를 연결해 주는 역할을 담당하고 있으며, 이를 증강할 수 있는 기술로 버추얼 리얼리티, 또는 탈신체로서의 텔레이그지스턴스의 가능성을 고찰한 바 있다.

지금부터 제3장에서는 우선 인간을 신체에서 분리할 수 있다면 분신으로서의 로봇이 어떤 존재로 자리매김 되어야 하는가를 검토하고, 휴머노이드의 존재에 대하여 생각해보려고 한다. 이어 분신뿐만 아니라 신체 그 자체가 바뀐 변신, 여러 사람이 하나의 신체를 다루는 융합

신체, 그리고 합체된 신체의 본분 등을 탐구하려 한다. 또한, 포스트 신체 사회를 고안할 때 일어날 수 있는 사안들에 대해 필자 나름의 상상력을 마음껏 동원하여 보았다.

우선 분신으로서 로봇을 고찰하면서 하나의 사례를 소개한다. 2015년 6월에 미국 로스앤젤레스 부근에서 화재대응 로봇의 능력을 겨루는 'DARPA 로보틱스 챌린지'가 열렸다. 행사는 군사기술 개발과 연구를 주 업무로 하는 미국방성 국방고등연구계획국이 주최하였다. 결승에는 원전 사고로 인해 인간이 가까이 접근할 수 없는 화재현장을 가정하여 자동차 운전과 밸브의 개폐 등 8가지 작업이 로봇에게 부과되었다. 제한시간은 1시간. 우승상금은 200만 달러로 파격적이다.

일본에서도 도쿄대학교와 산업기술 종합연구소 등 5개 팀이 결승에 참가하였다. 일찍이 로봇대국이라 불리며 연구와 개발에 리더였던 일본이지만 정작 우승은 한국의 '팀 KAIST'에게 돌아갔으며 일본팀의 최

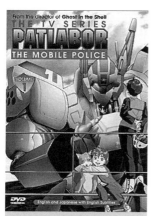

1988년 발매된 《기동경찰 패트레이버(機動警察バトレイバー)》의 DVD.

고 순위는 10위. 경연대회 성적으로선 실로 참패라고 할 만한 결과였다. 또한, 경연대회 예선에서는 좋은 성적을 거뒀지만, 결승진출을 포기한 일본 팀이 있다. 도쿄대학교 연구원과 학생을 중심으로 설립한 벤처기업 '샤프트(SCHAFT)'다. 2013년 말에 미국 실리콘 밸리의 거인 '구글(Google)'이 인수하여 지금은 구글 산하에 있다. 참고로 그들은 일본의 로봇 애니메이션 《기동경찰 패트레이버》의 광팬으로 회사 이름도 작품 속에 등장하는 가공의 기업 '샤프트 엔터프라이즈'

에서 따온 듯하다.

구글은 샤프트 외에도 보스턴 다이나믹스 등 유명한 로봇 벤처기업들을 차례로 인수하여 로봇개발 분야에서 존재감을 부각해 나가고 있다. 'DARPA 로보틱스 챌린지'의 결승에는 구글의 공동창업자로 최고경영 책임자(CEO)인 래리 페이지가 견학하기 위해 방문하는 등 구글의 로봇에 대한 지대한 관심을 엿볼 수 있었다. 샤프트는 2013년의 'DARPA 로보틱스 챌린지'에서 미항공우주국(NASA) 등 강호 15개 팀을 누르고 우승한 경험이 있다.

구글이 이 회사를 인수할 때 '일본 기술자가 미국으로 유출되고 있어도 괜찮은가?' 하고 일본의 여러 언론에서 위기감을 부각시키던 기억이 새롭다. 솔직히 필자도 존경하는 로봇 연구원이 구글에 합류하여 충격을 받았다. 그러나 세계적으로 활약하는 스포츠 선수처럼 톱클래스 기술자가 자국의 기술문화를 세계에 널리 알리는 것도 중요한 일이다. 이처럼 기술자들끼리 서로 경쟁하고 제안하여 매력적인 연구개발 환경을 정비해 나가는 것이 진취적인 방법일 것이다.

■

픽션을 통해 살펴본 인간형 로봇들

■

여기서 한 가지, 독특한 현상을 볼 수 있다. 샤프트를 비롯한 'DARPA 로보틱스 챌린지'에 참가한 로봇의 대다수가 '인간형'을 하고 있다. 대회에서 '인간형 로봇이 아니면 안 된다'라는 규정이 있는 것도 아니다. 네 발로 움직여도 괜찮고 팔이 여러 개 달려도 상관없는데 로봇은

프리츠 랑 감독 《메트로폴리스(Metropolis)》의 한 장면.

군이 인간형을 하고 있다. 도대체 인간형이란 무엇을 의미하는가. 로봇이라 하면 우선 떠오르는 생각이 아마도 데즈카 오사무의 『철완 아톰』과 같은 인간형일 것이다. 아톰은 2개의 팔과 다리가 있고 머리가 하나에 지상에서는 두 다리로 직립보행을 한다. 인간과 같은 얼굴을 하고 있으며 겉으로 봐서는 인간과 다를 바 없다.

만화 『도라에몽』은 어떤가. 도라에몽은 22세기 미래에서 건너온 고양이형 로봇이며 확실하게 콧수염이 좌우로 3개씩 붙어 있는 고양이라 여겨지지만 두 다리로 걸어 다니며 사람과 같은 언어를 사용하여 인간형이라 해도 손색이 없다. 『신세기 에반게리온』에 등장하는 가공의 병기 '범용인형결전병기(汎用人形決戰兵器) 인조인간 에반게리온'은 이름 그대로 확실히 인간형일까? 크기와 겉모습, 조형은 어딜 봐도 '인간'이라 할 수 없으며 무얼 가지고 범용이라 했는지 도무지 납득할 수 없다. 그렇다면 로봇이 《터미네이터 2》에 등장하는 'T-1000'처럼 자유자재로 변형할 수 있는 액체 금속(liquid metal)으로 만들어진 것이라면 어떨까? 소재나 형태의 변형은 차치하더라도 역시 모양이 인간이면 인간형이라 해야 하지 않을까 생각한다.

'로봇'이란 말은 체코 작가 카렐 차펙(Karel Capek)이 1920년에 발표한 희곡 『R.U.R.(Rosuum's Universal Robots, 로섬의 만능로봇)』에서 유래하며 이 작품에서 인간형 로봇이 등장한다. 이 희곡에는 인간이 로봇에게 노동을 다 맡겨 타락함으로써 로봇이 반란을 일으키는 장면이 묘사되어 있다. 정확히 말하면 『R.U.R.』에 등장하는 로봇은 골렘(Golem)과 같은 바이오 생명체에 가까운 것으로 이를 로봇의 원조라 하기에는 현상과 다소 맞지는 않지만 로봇의 어원으로 알려졌다. 지금 생각하면 당시의 로봇은 공장의 전용기계에 불과할 따름이지만, 어떤 일이든 해낼 수 있는 인간형 만능로봇이란 콘셉트를 분명히 밝혔다는 점이 흥미롭다.

또한, 1927년에 개봉된 프리츠 랑 감독의 《메트로폴리스》는 흑백 무성영화이면서 SF영화의 여명기에 탄생한 걸작이다. 여기에서도 안드로이드(Android: 인간형 로봇)인 마리아란 이름의 인간형 로봇이 등장한다. 이처럼 만화나 애니메이션에 등장하기 훨씬 이전부터 인간형 로봇은 다양한 모습으로 묘사됐다.

■

인간형 로봇의 의의

■

땅바닥이 울퉁불퉁한 곳에서 로봇이 이동하려면 『공각기동대』에 나오는 '다치코마'와 같이 네 개의 다리로 서서 곤충 같은 모양을 하고 있어도 좋을 것이다. 현실에서는 로봇이 두 다리로 보행하려면 고도의 제어기술이 필요하며 네 다리가 훨씬 균형 잡기가 편하다. 'DARPA 로

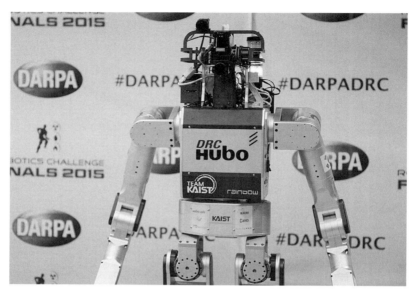

🐾 2015년 DARPA 로보틱스 챌린지에서 우승한 한국 카이스트의 로봇 휴보(Hubo).

보틱스 챌린지'에서는 로봇이 멋지게 움직이는 장면만 모은 동영상이 재미있게 소개되었을 뿐 실제로 두 다리 로봇은 불안한 점이 많으며 앞으로 많은 연구개발이 필요하다.

또한, 두 다리로 걷는 편이 에너지 효율이 높다고 하지만 절대 그렇지만은 않다. 사람이 걸을 때와 자전거를 탈 때, 그리고 비행기를 타고 있을 때를 비교해 보면 이 중 에너지 효율이 단연 높은 쪽은 자전거를 탈 때이다. 근육을 움직여서 바퀴를 통해 에너지를 동력으로 전환하는 자전거는 압도적으로 효율이 높다. '수레바퀴의 재발견'이란 말이 있는데 마차에서 짐수레와 자동차에 이르기까지 바퀴라는 무한대의 회전 기구는 생물 중에서 미생물의 편모 모터를 제외하고 더는 찾아볼 수 없는 위대한 발명이다.

그리고 바퀴에는 평탄한 도로가 필요하다. 유럽에서 본격적으로 도로를 포장하여 정비한 시기는 20세기 모터리제이션(Motorization: 자동차의 대중화) 이전, 마차를 발명했을 무렵까지 거슬러 올라간다. 로봇이 타이어로 움직이지 않는 인간형이고 두 발로 보행하는 이유는 이동환경 때문이다. 세계 각국에서 개발 중이며 실용화 단계를 눈앞에 둔 무인 자동차가 도로를 달리는 로봇이라 한다면 이처럼 포장도로만 이동할 수 있는 로봇에겐 바퀴 이동이 필요충분조건일 것이다.

이시카와현 와쿠라 온천에 있는 여관 '가가야(加賀屋)'에서는 손님들에 대한 접대시간을 늘리기 위해 조리실에서 각 플로어까지 요리의 운반을 로봇 짐차로 하고 있다. 필자도 견학해 봤는데 이 짐차는 선로가 마련된 전용 통로를 통해 자동 운전 엘리베이터로 이동한다. 요컨대 로봇을 위한 전용 길을 설치한 것이다. 그러나 로봇이 인간을 대신해 행동할 수 있는 범위는 도로만 있는 것이 아니다. 생활공간에는 직립보행을 하는 인간을 위해 계단이나 문 등이 있고 여기에는 걷다가 뛰어넘어야 할 정도의 장애물도 있다. 휠체어 이용자를 위해 높낮이를 없앤 배리어프리(Barrierfree, 장벽제거)화에 노력을 계속하고 있지만, 그래도 인간이 행동하는 공간에는 장애물이 있기 마련이다.

최근 흔히 보이는 청소 로봇처럼 마루 위의 장애물을 비켜가는 것만으로는 불완전하며 때로는 높은 곳을 오르거나 내려갈 필요도 있다. 'DARPA 로보틱스 챌린지'의 과제와 같이 위험한 재해현장에서 인간을 대체해서 움직여야 할 경우 로봇은 확실히 인간형일 필요가 있다. 'DARPA 로보틱스 챌린지'의 과제에는 인간의 노동현장인 공장과 같은 환경에서도 로봇이 작업하게끔 하는 것도 있다. 인간이 자동차를 운전하기 위해서는 적어도 가속페달과 브레이크를 밟을 수 있는 다리와 핸들을 잡을 손이 필요하다. 문을 열려면 문손잡이를 쥐고 돌릴 필요가 있으며 밸브를 여닫을 때도 적절한 힘을 가해 쥐고 돌려야만 한다. 이처럼 인간형 로봇은 인간의 작업환경에 적용되어야 하는 점을 고려하여야 한다.

로봇과 환경의 상호작용

결국, 로봇이 '인간형'인 이유 중 하나는 인간을 위한 작업환경에서 로봇이 작업해야 한다는 점이다. 옷, 책상, 컵, 스위치, 문, 창, 조명, 스마트폰, 자동차 등 눈앞에 펼쳐진 세계는 인간이 활동하기 편하게 정비되어 있다. 만일 인간과 전혀 다른, 새로운 모양을 한 로봇이 등장한다면 로봇이 적응할 수 있는 새로운 환경을 별도로 정비할 필요가 있다. 이를 위해서는 로봇을 위한 도로의 재정비처럼 사회가 나서야만 해결할 수 있기에 시간이나 비용 면에서 많은 문제를 일으킬 수 있다.

따라서 로봇의 형태에 대해 고민하려면 우선 인간과 환경의 관계를 고려해야만 한다. 인체공학을 토대로 만들어진 의자라면 인간이 앉기 편하게 디자인했겠지만, 나뭇등걸도 의자라고 생각한다면 누구나가 앉을 수 있다. 인간이 인식한 환경은 인공물만 있는 것은 아니다. 미국의 지각심리학자인 제임스 J. 깁슨(James Jerome Gibson)은 '주다, 제공하다'라는 의미의 영어 'Afford'에서 'Affordance'라는 말을 만들어 냈다. '환경이 인간에게 부여한(Affordance) 것'이란 의미이다.

깁슨의 사상은 도널드 노먼 등 디자인의 인지심리학적 연구에 지대한 영향을 주었고 로봇 분야에서도 이 'Affordance'에 대한 논의를 적용할 수 있다. 인간은 주변 환경을 인간에게 갖춰진 오감과 운동이라는 일종의 필터를 통해 상호작용하는데 마찬가지로 로봇 역시 환경과 상호작용할 필요가 있다. 그렇긴 하지만 바퀴와 도로의 관계처럼 환경 쪽을 정비하기는 어렵다. 일정한 범위에서만 업무를 수행할 수 있는 로봇이라면 가능하겠지만, 범용성을 높이려 한다면 필연적으로 인간형 로봇일 수밖에 없다.

아이보(AIBO)가 훌륭했던 이유

한편 인간형이 필연적이란 말은 텔레이그지스턴스적인 분신 로봇뿐만 아니라 인공지능을 탑재한 휴머노이드에도 같이 적용할 수 있지 않을까? 이 의문을 생각하며 참고한 것이 1996년에서 2006년까지 소니가 판매했던 강아지 모양 애완 로봇 '아이보(AIBO)'다. 이 아이보는 소니가 생산을 중지하여 애프터서비스를 종료한다고 발표하자 슬픔에 빠진 개주인들이 절에서 불공을 올렸다는 이야기가 국제 뉴스에 오르는 등 대단한 화제를 불러일으켰다. 그만큼 사랑을 받을 수 있었던 아이보도 훌륭하지만, 필자 생각엔 아무래도 강아지 모양이었다는 게 큰 요인이었다고 판단된다.

인간은 자신과 비슷한 사물에 대하여 인간과 같은 행동을 기대하지만, 그 기대에 부합하지 않으면 위화감을 느낀다. 도쿄공업대학교 명예

교수인 모리 마사히로(森政弘)가 제창한 세계적으로 유명한 '불쾌한 골짜기'란 가설이 있다. 로봇의 겉모습이 인간과 거의 같으면 친근감을 느끼고 애니메이션의 캐릭터처럼 모양이 전혀 달라도 나름 친근감을 느끼지만, 밀랍인형처럼 인간과 어정쩡하게 닮아 있으면 우리는 불쾌한 느낌을 받는다는 것이다. 이 현상은 형상뿐만 아니라 로봇의 움직임과 겉모양이 서로 맞지 않은 경우에도 나타난다고 한다.

곤충 로봇이 곤충답게 움직이고 동물 로봇은 동물답게 움직이면 위화감은 없다. 그러나 인간형 로봇이 곤충이나 동물처럼 움직이면 우리는 강한 위화감을 느낀다. 인간형인 이상 '인간다워야' 한다는 것이다. 로봇의 겉모습은 단순한 장식이 아니라 중요한 기능이다. 아이보가 발매될 당시에는 제품화할 만큼 적당한 가격에 우수한 인공지능이 없었으며 실제로 아이보 역시 그다지 똑똑한 편은 아니었다. 그런데 우습게도 변덕스러운 애완견같이 사람 말을 잘 알아듣지 못하는 아이보가 진짜 강아지처럼 느껴져 사랑을 듬뿍 주지 않았을까 생각한다. 참고로 소

🐾 소니의 애견 로봇 아이보.

🐾 소프트뱅크의 페퍼.

니는 구매자에게 강아지와 같은 수준의 반응을 기대하지 않았는지 아이보를 '강아지형 로봇'이라 부르지 않았다. 따라서 기술의 활용 가능한 수준까지 내다본 디자인 기술자와 디자이너들이 훌륭하다고 생각한다.

　소프트뱅크가 개발한 '페퍼(Pepper)'는 인간형 로봇으로 어린이 정도 크기를 하고 있다. 따라서 어른이 요구할 정도의 높은 지성을 기대할 수 없겠지만 역시 그 나름 사람들의 기대치가 있을 것이다. 인간형이기 때문에 인간처럼 말과 몸짓 등으로 소통하길 원한다. 때문에 페퍼가 거리에서 손님을 맞이하는 모습은 어쩌면 당연할지도 모른다.

인간형이 지닌 이점

인간은 인간의 신체 모양에 길들어 있다. 그래서 이를 분석하려는 연구가 산업기술 종합연구소에서 했던 실험으로 마루에 반력계(反力計)를 설치하고 사람이 한 걸음, 한 걸음 걸을 때마다 간격과 무게 및 특징을 검출하여 걷고 있는 사람이 누굴까를 추정한다. 그 결과 반력계를 점검하는 것만으로 인물을 어느 정도 추정할 수 있다는 결론에 이르렀다. 모집단이 커도 좋지만 적어도 가정이나 학교 또는 회사 등 작은 공동체 내에서도 지문까지 채취할 필요 없이 인물을 식별할 수 있었다. 가족이 복도에서 들려오는 발걸음 소리를 듣고 'ㅇㅇㅇ가 돌아오나 보다'라고 곧잘 언급하곤 하는데 이게 그냥 하는 허튼소리만은 아니다. 사람의 그림자만 보고도 판별할 수 있는 경우도 있다.

걸음걸이 동작은 모두 비슷해 보이지만 사실은 그렇지 않다. 신장과 체중에 따라 다르며 쓰는 근육도 다르다. 얼굴이나 체형 등의 정적인 겉모습만으로 사람은 사람을 분간하지 않는다. 이처럼 우리는 정적인 신체뿐만 아니라 동적인 신체로도 사람을 구분해 낼 수 있다. 따라서 인간에겐 로봇도 발에 타이어를 달아 움직이기보다는 발걸음 소리가 들리는 편이 기분이 좋으며 안심할 수 있다. 도라에몽도 원래는 '마당발'로 지면에서 몇 미터 떠다니는 기능을 지니고 있었지만, 이 기능이 망가져 발걸음 소리가 나는 것으로 설정했다고 한다. 인간과 공존하는 로봇인 걸 생각하면 충분히 납득할 수 있는 이야기이다.

와세다대학교의 마쓰마루 다카후미(松丸隆文) 등은 인간형 로봇에게 무거운 물건을 사람에게 전달할 때 일부러 힘이 드는 동작을 지어 보이도록 연구했다. 우리는 물건을 다른 사람으로부터 건네받을 때 직접 만져 보지 않더라도 상대방의 표정이나 동작을 관찰함으로써 무의식적으로 '무겁군', '뜨겁군' 하며 물건에 대한 정보를 얻는다. 로봇이 인간형이면 이러한 비언어적 정보도 인간에게 전달할 수 있다.

로봇이 인간형이기에 인간이 얻을 수 있는 장점은 또 있다. '이랬으면 좋겠다'는 요구 사항을 가르칠 수 있다는 점이다. 이것은 야나하라 노조미의 만화 『마루이치 풍경』이 참고가 되었다. 제목이기도 한 '마루이치'는 휴머노이드의 이름이다. 또한, 인간생활에 로봇이 등장함으로써 벌어질 수 있는 일들을 알려 주는 중요한 참고자료이자 마음이 훈훈해지는 휴먼 코미디이기도 하다.

만화는 인간이 마루이치에게 뭔가를 가르칠 때 어떻게 되는지를 보여 주는 게 핵심이다. 부엌에서 요리하고 청소하는 일까지 바라는 바를 실제로 해 보인다. 그러면 마루이치는 인간의 행동을 충실하게 따라 재현한다. 작동방법을 특별히 프로그래밍할 필요도 없으며 인간의 요구 사항을 입력하기도 쉽다. 이는 네 다리로 다니거나 강아지형의 로봇이라면 같은 방법을 사용하기가 불가능할 것이다. 인간이 바라는 바를 본보기로 보여 주기만 하면 뜻이 전달된다는 점에서도 로봇은 인간형이어야 상호작용이 쉽다.

사용하기 편한 인간형의 신체

이러한 입력방법을 도입한 로봇의 사례로는 리싱크 로보틱스(Rethink Robotics)사의 산업용 로봇 '박스터(Baxter)'를 들 수 있다. 전자동청소기 '룸바(Roomba)'를 개발한 것으로 알려진 MIT의 로봇 공학자 로드니 브룩스(Rodney A. Brooks)가 개발한 것이다. 박스터는 인간의 상반신을 본떠 만든 로봇으로 뭔가를 지시할 때 '해보자' 하면 간단히 해결된다. 지금까지는 지시내용을 '티칭 펜던트(Teaching Pendant)'라는 리모컨 역할을 하는 기기에 동작을 입력하거나, 프로그램에 동작을 입력하는 등 지시 사항을 일일이 입력할 필요가 있었던 것을 생각하면 현장 노동자가 매우 알기 쉬운 인터페이스이다. 이처럼 작업 상황을 표정으로 전달하는 편리한 소통방법에서도 인간과 공존하며 작업하는 휴머노이드적 접근방식의 특징이 잘 드러나 있다.

앞장의 텔레이그지스턴스도 인간형 로봇을 이용하고 있다. 필자가 처음으로 교토대학교 다치 스스무의 연구실에서 로봇 '테레사'를 설명도 듣지 않고 쉽게 조작할 수 있었던 것은 사용하기 편한 신체와 같은 인간형의 분신 로봇이었기 때문이다. 만약에 이것도 개나 새 모양이었다면 새롭게 조작방법을 배울 필요가 있었을 것이다.

우리는 태어나서 지금까지 자신의 신체를 조작하는 데 길들어 있다. 이 같은 인간형 로봇의 인터페이스에 대해 호불호를 보여 주는 영화로 미국에서 2011년에 개봉한 SF 액션영화 《리얼 스틸》을 소개한다. 영화는 로봇끼리 싸우는 내용으로 여기서 팔을 공중에서 움직이는 호

🐍 리싱크 로보틱스의 산업용 로봇 박스터.

버(hover) 조작과 조이스틱 등 우리가 연구에서 사용하고 있는 로봇 조
작의 인터페이스가 모두 등장한다. 주목할 점은 인간의 동작을 그대로
따라 할 수 있는 인터페이스를 사용할 때 프로복서의 강인함이 유감없
이 발휘되었던 점이다. 이 영화는 단순한 로봇 영화로도 볼 수 있지만,
신체와 인터페이스를 고찰하는 데도 훌륭한 공부재료이다.

로봇이 자동차를 운전하다

한편 '모든 로봇이 인간형일 필요가 있는가?' 하는 의문을 던져 본

다. 미국의 SF작가 로버트 하인라인이 1956년에 발표한 SF소설 『여름으로 가는 문(The Door into Summer)』이 있다. 여기에 사랑스러운 고양이 모양을 하고 청소 등 가사 일을 돌봐 주는 인간형 가정용 로봇이 등장한다. 휴머노이드를 거론하며 빗자루와 청소기를 잘 사용하는 로봇이 인간형이어야 한다면 반드시 그렇지만은 않다. 하인리히 소설로부터 50여 년이 지난 현대의 청소 로봇은 '룸바'에서 보듯이 원반형으로 마루를 구석구석 돌아다니는 로봇이다. 굳이 빗자루를 사용해야 할 휴머노이드를 개발할 필요성은 없을 것이다.

미래에는 로봇이 어떻게 받아들여질까? 여기서 살펴봐야 할 영화로 아놀드 슈워제네거 주연으로 1990년에 개봉한 미국의 SF영화 《토탈 리콜》를 거론하지 않을 수 없다. 이 영화는 화성에 이주한 인류를 배경으로 슈워제네거가 화성에 뛰어들어 종횡무진 활약하는 할리우드적인 면이 가득한 작품인데 이 중 재미있는 장면이 있다. 바로 택시를 휴머노이드가 운전하는 장면이다.

필자가 좋아한 미국의 특수촬영 텔레비전 드라마로 1980년대에 방

숀 레비 감독《리얼 스틸(Real Steel)》의 한 장면

송된《나이트 라이더》가 있다. 주인공인 마이크 나이트의 파트너로 사건을 해결하는 것은 그가 타고 다니는 스포츠카 '나이트 2000'에 탑재된 '키트'라는 인공지능이다. 지금으로 보면 키트는 무인자동차다. 이 드라마가 제작된 시기를 고려하면《토탈 리콜》에서 무인자동차가 등장한 것이 전혀 이상하지 않으며, 그래서 굳이 휴머노이드가 운전할 필요는 없었다고 도쿄공업대학 명예교수인 히로세 시게오도 지적하였다.

살펴본 바와 같이 인간형 로봇을 고찰할 때 어려운 점은 로봇 이외의 분야에서 과학기술의 정상적인 발전으로 해결해야 할 과제와 로봇에게만 부여할 과제를 어떻게 구분할 수 있는가 하는 문제일 것이다. 하인라인 시대라면 취사든 세탁이든 휴머노이드에게 맡길지 모르지만, 지금은 대부분 전자동으로 밥도 지을 수 있고 세탁도 가능하다. 이처럼 실생활과는 달리 SF는 인간형 로봇을 중심으로 사고하는 경향이 있다. 영화와 드라마, 책 등에서 휴머노이드가 등장할 때에는 전후 사정을 세심하게 파고들어 필요성을 살펴보면 재미있을 것이다.

폴 버호벤 감독《토탈 리콜(Total Recall)》의 한 장면.

NBC에서 1982년 처음 방영되고 한국에선 《전격 Z작전》으로
소개된 《나이트 라이더(Knight Rider)》.

투명한 로봇

인간형 로봇이 없어도 버추얼 리얼리티의 '주관적 등가'를 통해 환경 분야의 시스템을 발전시킴으로써 가상의 인간형 로봇을 만들어 낼 수 있지 않을까? 투명인간이 집안에서 안내해 주는 장면을 상상해 보자. 당신이 집에 도착하자 현관문이 자동으로 열리고 집안에 불이 켜진다. 당신이 배가 고프면 토스터가 빵을 굽는다. 그동안 피아노가 자동으로 연주를 시작하면서 쉴 수 있는 공간이 제공된다. 이처럼 눈에 보이진 않지만 흡사 투명한 로봇이 존재하는 듯한 환경을 조성하는 것이 기술적으로 가능해졌다. 모든 사물을 인터넷으로 연결하여 묶은 '사물인터넷(IoT: Internet of Things)'이 등장하여 마치 로봇이 하듯 물건을 자동으로 작동할 수 있게 된 것이다.

생활과 사회의 모든 분야에 컴퓨터가 존재하는 것을 '유비쿼터스 컴퓨팅(Ubiquitous Computing)'라고 하는데 생활 속의 모든 환경을 지능화할 수 있는 시스템이다. 가령 스마트폰으로 자물쇠를 여닫을 수 있는 '스마트 락(Smart Lock)'은 자물쇠라는 물체를 버추얼화(가상화), 또는 투명화한 것이라 할 수 있다. 벽지도 버추얼로 되어 컴퓨터그래픽으로 묘사할 수 있다면 벽지를 새로 붙일 필요가 없다. 앞으로는 가전제품도 투명화할지 모른다.

책상 스탠드는 주위를 밝혀 주기 위한 것이며 선풍기는 시원하게, 그리고 청소기는 마루를 청결하게 하려는 게 목적이다. 이 목적을 달성하기 위한 수단이 굳이 지금의 가전 형태로 있을 필요는 없을 것이다. 이 투명한 사물의 상호작용에 대해서는 필자와 공동으로 연구를 진행하고 있는 메이지대학교의 와타나베 게이타가 쓴 『융합 디자인 하드 × 소프트 × 네트 시대의 새로운 설계론』(BNN신사, 2015)에 자세하게 나와 있다. 조만간 우리는 지능화된 생활공간에 사는 현대의 유령 '방귀신'이 되어 AR 안경을 통해 외부와 교감할지 모른다. 일본의 애니메이션《전뇌 코일》에서 묘사한 다이코쿠시와 같은 미래상도 예상해 볼 수 있다.

2007년 방영된 TV애니메이션《전뇌 코일(電腦コイル)》의 한 장면.

지금까지 분신 로봇과 휴머노이드, 그리고 인간형 로봇에 대하여 고찰해 보았다. 신체로부터 서서히 분리되는 것을 탈신체, 또는 분신이라 한다면 다음 장에선 신체가 다른 존재로 변하는 변신에 대하여 고찰해 보고자 한다.

다른 사람의 신체로 살 수 있을까?

분신에서 변신으로

복제로봇으로 생활하다

사이버 공간에서의 버추얼 리얼리티 영화가 《매트릭스 시리즈》라면 텔레이그지스턴스의 버추얼 리얼리티 영화는 미국에서 2009년에 개봉된 브루스 윌리스 주연의 《써로게이트》일 것이다. 여기서 로봇 연구가인 가나데 다케오(金出武雄)와 이시구라 히로시(石黑浩)가 자신들과 닮은 안드로이드(인조인간)와 함께 초반부에 등장하기 때문에 연구원들 사이에선 유명하다.

영화는 가까운 미래에 써로게이트라는 로봇이 인간을 대신해 사회 조직을 운영한다는 내용이다. 모든 일을 로봇이 대행하기 때문에 어떤 일을 하든 로봇을 조작하는 인간은 안전이 보장된다. 영화 《써로게이트》는 자신은 텔레이그지스턴스를 통해 원격지에 있으면서 분신인 로봇을 조종하여 생활하는 세계를 묘사하고 있다.

조나단 모스토 감독 《써로게이트(Surrogates)》의 한 장면.

만화 『도라에몽』에 등장하는 복제 로봇은 코를 누르면 자신과 똑같이 복제되는데 써로게이트는 자신과 비슷할 필요가 없다. 나이가 들어도 다른 신체(로봇)를 지닐 수 있어 영원히 젊음(로봇의)을 유지하는 사람들이 등장하는데 묘하게 사실적이다.

또한, 영화 《써로게이트》의 테마 중 하나는 부부관계이다. 써로게이트라는 젊은 육체로 밤마다 노는 데 정신이 팔린 아내와 이에 정나미가 떨어진 남편이 격렬하게 싸우는 장면이 있다. 하지만 싸우는 것은 써로게이트가 아니라 실제 인간이다. 여기서 분신을 조종하게 되면 어느 쪽이 진정한 분신인지 알 수 없기 때문일 것이다.

■

분인(슈人)과 인터넷

■

그렇다면 '진정한 나 자신'은 존재하는가. 개인(individual)이란 개념은 더 작은 단위로 나눌 수는 없는가? '분인(dividual)'이란 개념을 제창하여 인간에게 여러 개의 얼굴이 존재한다는 사실을 고찰한 책이 히라노 게이이치(平野啓一)의 『나란 무엇인가 - '개인'에서 '분인'으로』(고단샤 현대신서, 2012)이다. 회사나 학교에서 대화하는 자신과 친한 친구들과 대화 나누는 자신, 가족들과 대화하는 자신, 그리고 연인과 대화하는 자신 등을 비교해 보면 같은 말을 하더라도 얘기할 때의 표정이나 대화 방식 등에 차이가 있다. 잘 생각해 보면 그럴 수밖에 없다는 것을 알게 된다.

인터넷이 보급되어 라인(Line), 트위터, 페이스북, 니코니코 동화, 블로그, 2ch 등 다양한 매체가 등장함으로써 어떤 형태로든 여러 개의 '자신'으로 분리하는 현상이 두드러진다. 이때 자신은 신체 속에 존재하는 것이 아니라 타인을 향한 분인과 자신을 향한 타인의 분인 간의 상호작용 속에 존재한다. 이를 시간이란 시점에서 파악해 보면 재미있다. 다양한 인터넷의 매체가 시간과 함께 시시각각 변모하는 인간의 모습을 시간 단위로 끊어서 고찰할 수 있지는 않을까?

마음과 신체의 관계에 대해 살펴보면, 가령 걷다가 갑자기 넘어졌을 때 마음의 움직임을 관찰하자. 넘어지는 순간엔 우선 화들짝 놀라고 5초, 10초 정도는 아프다가, 넘어진 것을 후회하거나 장애물을 버려 둔 사람을 원망하는 감정이 든다. 그런데 1분, 10분, 1시간 등 시간이 지남에 따라 그런 일이 있었느냐는 듯이 잊어버리고 원래 상태로 돌아올 것이다. 누군가와 몸이 부딪쳤을 때, 화가 날 때, 놀랄 때, 시간에 따라 놓인 상황은 시시각각 변하며 그에 따라 주변에 대한 마음의 상태도 변한다.

인터넷 등 매체도 마찬가지다. 예를 들어 흘러나오는 동영상에 댓글을 다는 니코니코 동화에선 바로바로 댓글을 달지 않으면 영상이 지나가 버리기 때문에 원하는 영상에 댓글을 달고자 하는 사람은 몇 초

시청자의 댓글을 실시간으로 올리는 방송 니코파레.

안에 입력할 필요가 있다. 트위터라면 30초나 1분 단위이며 블로그라면 수십 분에서 1시간에 걸쳐 문자를 입력한다. 동영상이냐 블로그냐에 따라 각각의 매체가 지닌 특성과 입력의 양, 그리고 입력 방법 등이 다르며 입력하는 내용도 신체성에 기초한 특징이 나타난다.

최근에는 트위터의 '디스(상대방을 폄하하는 행동)' 등으로 인해 인터넷이 뜨거웠다. 만일 올리는 문자 수에 제한을 두면 인간은 심사숙고할 수밖에 없으며, 트윗 작성 후 업로드까지 10초 정도 시간 틈을 둔다면 분노에 휩싸여 작성한 내용도 감정이 희석되면서 취소할 수 있을지도 모른다. 분인으로 인해 재미있었던 일도 있다. 니코니코 동화의 이벤트 장소 '니코파레(Nicofarre)'에서 필자가 단상에 올랐을 때 일이다.

이 이벤트장에는 인터넷 생중계로 '니코니코 생방송'에 업로드된 시청자의 댓글을 회장에 설치된 주변 스크린에 실시간으로 올려 준다. 인터넷에 모여든 수만 명의 시청자로부터 '넥타이를 맨 목이 너무 굵다', '말이 너무 빠르다' 등 일반적인 강연에서 볼 수 없는 관객의 댓글이 화면을 장식했다. 시청자들이 뭘 생각하고 있는지 알 수 있어 흡사 독심술이 가능한 초능력자가 된 듯한 기분이었다.

업로드된 엄청난 양의 댓글을 눈앞에 놓고 이야기한다는 게 긴장되긴 하지만 일본학회에서 강연할 때의 소극적인 반응에 비하면 보람을 느낄 수 있었다. 필자가 연구 성과에 대한 발표를 마친 후 스크린에 박수를 뜻하는 댓글이 올라올 때는 실제로 1,000명 앞에서 강연한 것처럼 감격스러웠다. 디지털 매체에 잠깐이나마 존재하는 분인이라 할지라도 정감 어린 댓글을 통해 강연자에게 감동을 선사할 수 있다. 이것은 분인만이 느낄 수 있는 재미다. 이것을 통해 본다면 자기 자신은 '시간의 함수다'라고 할 수 있을 것이다. '남자는 3일을 보지 못하면 괄목상대한다'라는 말이 있듯이 인간은 시간의 흐름 속에 분인으로 존재하며, 완전히 다른 자신이 다른 시간에 존재할 수밖에 없다는 사실을 최소한 이해해 둘 필요가 있다.

■

분신체(分身體)의 유효성

■

인터넷과 같은 매체에서, 가령 롤 플레잉 게임에서의 캐릭터, SNS 등의 커뮤니티 사이트의 분신인 아바타 등 신체가 디지털화되어 있다면 우리는 이미 여러 개의 신체를 갖고 사는 셈이다. 게임을 즐기고 있을 때, 자동차를 운전할 때, 업무를 보고 있을 때 등 시간에 따라 신체를 나눠 사용하는 것이 점점 실현되고 있다. 예를 들면 집에서 가족과 함께 시간을 보내며 스마트폰으로 답 메일을 보낼 때는 업무에 몰두하게 될 것이다. 이미 우리는 텔레비전 채널을 돌리거나 컴퓨터로 업무를 처리할 때처럼 순간적으로 집중력을 전환할 수 있다. 게다가 앞서 밝혔듯이 여러 개의 신체가 동시에 존재하는 미래도 다가올 수 있다.

미래를 선점하여 실현한 것 중 하나가 로봇 짐차에 카메라와 화면을 장착한 간단한 텔레이그지스턴스 시스템을 통해 사업화에 성공한 '홈닥터'의 왕진 시스템이다. 의사와 같이 수요는 많은데 한정된 사람만 대면해야 하는 전문성이 높은 직업을 가진 사람이 가장 줄이고 싶은 지출은 교통비일 것이다. 텔레이그지스턴스 시스템을 효과적으로 이용하여 의사와 환자의 대면이 가능해지면 왕진할 필요도, 내원할 필요도 없다. 특히 치료의 이전 단계와 경과를 지켜봐야 할 단계에서 진찰만 할 경우에 매우 유용하리라 생각한다.

어쩌면 인간은 여러 개의 분신체를 스케줄링(scheduling)하면서 조종하는 존재가 될 것이다. 어딘가에 가야 할 필요가 생길 경우에는 순간적으로 집중력을 모아 빛의 속도로 날아가 존재할 수 있다. 이처럼 미래의 인간은 다수의 세계를 시간에 따라 표류하는 존재가 될 가능성마저 있다. 미래의 미디어 설계는 MIT교수인 이시이 히로시가 지적한 바처럼 장소와 시간이나 신체가 아니라 사람의 '주의(注意)'라는 유한한 리소스를 어떻게 최적화할 것인가 하는 문제가 관건이다.

다수의 신체로 동시에 살아갈 수 있을까?

■

인간은 다수의 신체로 어디까지 살아갈 수 있을까? 이 의문을 해결하는 데 힌트가 되는 연구가 있다. 이와아키 히토시의 만화 『기생수』를 아는가? 불가사의한 기생생물이 고교생 신이치 안에 기생하며 서로 공생하는 모습을 묘사한 만화이다. 작품에선 주인공의 오른팔에 기생하는 '미기'가 등장한다. 오른손에 눈이 그려진 그림은 강렬한 임팩트가 있어서 영화의 포스터 등을 통해 봤던 사람도 있을 것이다.

마찬가지로 이 같은 '새로운 눈'을 손에 넣으려는 시도가 이화학연구소 후지이 나오타카 등이 연구한 반투과형 SR시스템 'SRsystem 50-50'에서 힌트를 얻어 우리가 연구 개발한 '스파이더 비전'이다. 즉 여러 개의 눈을 하나의 시야로 모아 포개는 기술이다(반면 만화에서의 미기는 신이치에 기생하는 기생충이며 따라서 외부의 존재다). 동시에 존재하는 각각의 공간을 실시간으로 중첩할 수 있어서 버추얼 리얼리티 중에서도 증강현실, 또는 복합현실이라 해도 좋을 것이다. 우선 가장 먼저 해야 할 일은 머리 앞뒤에 카메라를 장착하고 그 영상을 반투명으로 겹쳐서 헤드 마운트 디스플레이에 재생하는 것이다. 이러면 인간의 눈으로는 동시에 볼 수 없는 각각의 풍경을 동시에 볼 수 있다.

좀 더 구체적으로 스파이더 비전을 알아보려면 유리창을 상상하면 된다. 유리창에 묻은 오물에 시선이 가면 유리창 바깥의 세계엔 시선이 가지 않지만, 유리창 밖의 풍경을 보고 있으면 유리창에 묻은 오물엔 대부분 눈이 가지 않는다. 인간은 유리창 자체와 유리창의 외부 세계

둘 중 하나를 주시할 수 있으며 시선에 변화를 주는 것 역시 가능하다. 따라서 촬영한 영상을 반투명으로 동시에 겹쳐 보일 수 있다면 인간은 때에 따라 어느 쪽이든 선택하여 주시할 수 있게 된다.

실제로 스파이더 비전으로 눈앞에 컴퓨터를 조작하면서 뒤에서 날아오는 물건을 포착하는 것이 어느 정도 가능하다. 필자도 시도해 봤는데 화이트보드에 글자를 쓰면서 뒤에 있는 사람이 손을 흔드는 모습을 알아차릴 수 있었다. 사이토 다카오의 만화『고르고13』의 '내 뒤에 서지 마라'란 상태를 연출해 낸 것이다.

카메라가 인간의 눈 역할을 한다면 여러 개의 눈에 비친 세계를 반투명화하여 1장에 겹칠 수 있다. 그리고 스파이더 비전이란 실험을 통해 1장에 담긴 각각의 세계에 주의를 기울일 수 있다는 것과 주의를 기울이지 않은 쪽의 변화도 감지할 수 있다는 사실을 알게 되었다. 문제는 이 반투명의 레이어(layer)를 몇 개까지 하나로 포갤 수 있는지다.

레이어를 많이 포갠다고 인간에게 무슨 소용이 있을까 생각할지 모

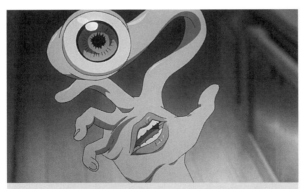

2014년 방영된 TV애니메이션『기생수(寄生獸, きせいじゅう)』의 한 장면.

르는데, 가령 방범 카메라가 포착한 영상이 모니터에 나타나는 관리실을 떠올려 보자. 관리인이 존재하는 목적은 강도를 잡고 범죄를 예방하는 방범 활동에 있다. 이러한 목적이 있으면 의심스러운 인물이 출현한 시점의 영상만을 주의해서 확인하면 된다. 뒷부분은 어느 정도 흘리듯 살펴봐도 상관없다. 인마일체(人馬一體), 더 나아가 인기일체(人機一體)의 사고방식이라면 일정 정도의 사안은 말(기계)에 맡겨도 괜찮다는 것이다.

여러 신체를 조종할 수 있는 오퍼레이션 시스템(OS)도 등장할지 모른다. 여러 개의 신체는 텔레이그지스턴스의 발전형이다. 이때 인간을 보좌하는 인공지능이란 존재가 필요하다. 여기서는 이처럼 인간이 여러 신체를 조종할 가능성이 있다는 사실만을 지적해 두고 싶다.

■

텔레프레젠스에서 변신으로

■

다수의 신체를 가질 방법은 다양하다. 필자가 연구개발의 도우미로 참여했던 것 중 하나에 곰 인형 모양을 한 IP전화 '로봇폰(robot phone)'이란 것이 있다. 이 책에 여러 번 등장한 다치 스스무가 제창하고 버추얼 리얼리티 콘셉트인 'R 큐브(Real-Time Remote Robotics, 실시간 원격 로보틱스)'를 도입한 의사소통 수단이다. 또한, 신체의 형상을 곰으로 바꾼 텔레프레젠스라고 해도 무방하다. 꽤 지난 일이지만 2004년에 장난감 제조업체인 이와야(岩谷)에서 상품화하기도 했다.

이 로봇폰은 전화로 대화를 나누면서 상대방이 가진 곰 로봇을 원격 조작할 수 있다. 자신이 가진 곰의 손발을 움직이면 상대방의 곰 로봇

🐾 필자가 참여한 로봇폰 제품 사진. 최근에는 이와야와 NTT도코모 등이
참여한 '고코쿠마'도 개발되었다(http://kuma.idc.nttdocomo.co.jp).

도 같은 부분이 움직인다. 팔을 흔들거나 머리를 움직여 대화할 때 감
정을 몸짓으로 표현할 수 있다. 이 로봇폰의 핵심은 상호 동기화된 분
신로봇을 서로 작동한다는 점이다.

　로봇폰의 오른손을 한쪽 사람이 들어 올리고 다른 쪽 사람이 아래
로 움직이면 로봇의 신체를 통해 힘이 전달된다. 떨어져 있지만, 로봇
이 손을 한 몸처럼 움직이려는 느낌을 받을 수 있다. 결론으로 로봇폰
은 인간과 지능을 지닌 로봇이 상호 소통하는 것이 아니라 원격에서 동
기화된 분신로봇을 통하여 인간끼리 신체성을 담보한 소통이 가능하다
는 게 특징이다.

　근래 들어 인터넷과 디지털기기는 놀라운 속도로 진화하고 있
다. 이에 따라 분신체 문턱이 낮아질지 모른다. 더블 로보틱스(Double
Robotics)사의 '더블 로봇'은 높이가 1.2-1.8m로 줄였다 늘였다 할 수 있는
막대기 같은 몸체에 태블릿 기기인 '아이 패드(iPad)'를 장착하고 있다.

태블릿으로 비디오 통화를 할 때 상대방의 얼굴을 보며 이용하는 텔레프레젠스 로봇이다. 손이 없어 문을 열 수는 없지만, 발에 해당하는 부분에 타이어가 설치되어 있어서 조작하여 이동할 수 있다. 개인용 컴퓨터의 영상 통화와 다를 바가 없다고 생각할 수 있지만, 이 막대기 같은 신체와 다리로도 사람의 시선과 같은 높이에서 얼굴이 나타나면 흡사 상대방이 거기에 있는 듯한 느낌을 받는다. 이는 실제로 가까운 거리가 아니면 느끼기 힘들지 모르지만, 원격 존재감을 느끼는 데는 이 정도로도 충분하다. 사소한 사내 회의라면 굳이 눈앞에 상대가 없더라도 대역으로 충분할 것이다.

도쿄대학교의 레키모토 준이치의 '카멜레온 마스크(Chameleon Mask)'는 태블릿 기기로 비디오 통화하는 건 같지만 실제로 신체에 착용하고 사용하는 실험이다. 태블릿 기기를 탈을 쓰듯 얼굴에 뒤집어 쓰기만 하면 되는 아주 단순한 구조이면서 기기에 통화 상대가 비치면 누구든 그 사람과 대화할 수 있다는 것이다.

또한, 누군가로 변신할 수 있다면 그 사람의 마음도 변할지 모른다. 영국 유니버시티 칼리지 런던(University College London)의 실험으로 어떤 백인 여성이 헤드 마운트 디스플레이를 쓰고 흑인 여성

🐾 더블 로보틱스의 더블 로봇.

닐 블롬캠프 감독 《제9지구(District9)》의 한 장면.

의 아바타로 변신하여 버추얼 리얼리티 공간에서 지내게 되면 어떻게 되는지 살펴본다는 내용이다. 이 실험이 놀라운 것은 흑인 여성이 되어 한동안 지내 본 백인 여성은 흑인 여성에 대한 무의식적인 편견을 깰 수 있었다는 결과가 나왔다. 신체의 변화는 겉모습을 변화시킬 뿐만 아니라 사회적 지향성이나 사고방식까지도 변화시킬 수 있다는 것을 시사해 준다.

카프카의 소설 『변신』은 주인공이 어느 날 아침에 잠에서 깨 보니 벌레가 되어 있었다는 이야기이다. 만일 변신을 통해 신체가 변했을 때 마음도 변할 가능성이 있다면 아마 『변신』의 결말도 달라져야 할 것이다. 요컨대 가족을 그리며 죽어 가는 결말도 마음이 벌레처럼 되어 버렸다면 변할지 모른다. 2009년에 개봉된 SF영화 《제9지구(District9)》에선 '변신'과는 다른 방향으로 인간이 우주인으로 변신하면 마음이 어떻게 변하는지 묘사하고 있다. 어떻게 변하는지는 영화를 직접 보고 확인해 주길 바란다.

ꔆ 시청각 교환 머신(1993, Photo by Mikio Kurokawa).

신체를 교환하다

인간의 감각을 교환하는 텔레이그지스턴스를 실험하는 재미있는 인스털레이션(installation: 장치)이 있다. 미디어 아티스트인 하치야 가즈히코(八谷和彦)의 '시청각 교환 머신(Inter DisCommunication Machine)'이다. 헤드 마운트 디스플레이를 착용한 두 사람이 머리에 설치한 카메라로 촬영한 영상과 마이크로 담은 음성 등 시청각을 그 상태 그대로 서로 교환하는 것이다. 이를 실제로 체험해 보면 악수를 하거나 돌아다니는 것만으로도 고역이다. 상대와 자신의 신체가 혼재된 듯한 혼란스러운 감각은 불

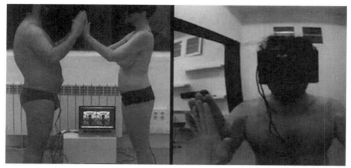
🔊 젠더 스와프 실험 장면(https://vimeo.com/84150219).

가사의한 체험이다.

서로 신체를 교환하는 모티브는 이전부터 있었으며 오바야시 노부히코 감독의 영화 《전교생》에도 묘사된다. 당시엔 거의 무명이었던 오미 토시노리와 고바야시 사토미가 열연하였으며 남녀의 신체가 서로 뒤바뀐다는 의미에서 문제작이었다. 이를 실제로 현실에서 실험해 보았다. 앞의 시청각 교환 머신처럼 헤드 마운트 디스플레이를 끼고 같은 형태로 체험하는 '젠더 스와프(Gender Swap, 성별교환, 2014년)'란 실험이다. 성을 교환하는 방법은 일단 사전에 남녀가 함께 움직일 것을 지시한 다음, 시간이 지나면 움직일 때마다 흡사 자기 자신의 성이 바뀌었다는 느낌이 든다는 것이다.

타인이 조종하는 신체

신체를 이용한 예술에도 흥미로운 게 많다. 세계적인 퍼포먼스 아

스텔락의 제3의 손.

티스트(행위예술가)로 호주 출신의 스텔락(Stelarc)이란 인물이다. 스텔락은 신체를 모티브로 자신만의 전위적인 접근방식으로 표현해 필자도 좋아하는 예술가다. 증강신체적 작품으로는 세 번째 손을 로봇으로 만든 '제3의 손(Third Hand)'이라는 것과 자신의 팔을 인터넷과 접속하여 제3의 귀를 연출한 '팔 위의 귀(Ear on Arm)' 등 보는 것만으로도 임팩트 있는 작품을 의욕적으로 제작하였다. 그중에서도 특별히 주목할 만한 것이 '패러사이트(Parasite)'라는 설치예술작품이다. 수많은 배선(전선)을 신체와 연결하기 때문에 이를 기능적 전기 자극이라 부르는 장치다. 근육과 근육을 관장하는 신경에 이 장치를 통하여 전류가 흐르면 근육이 수축하면서 손발이 움직인다. 이 전기 자극을 이용하여 타인이 인터넷을 통해 작가인 스텔락의 신체를 움직이게 하는 퍼포먼스이다.

와세다대학교의 다마키 에미(玉城繪美)가 도쿄대학 박사과정 재학 중에 개발한 '퍼제스트 핸드(Possessed Hand, 신들린 손)'도 기능적 전기 자극을 이용한 시스템이다. 이 역시 전기를 통해 손을 움직인다는 점에선 같지만, 전기를 출력하는 누름단추를 기계가 학습하여 이를 장착한 사람이 색소폰이나 거문고 등의 악기를 연주할 수 있게끔 만든 장치이다. 비록 기계이긴 하지만 이 또한 자신이 아닌 누군가가 신체를 움직이게 하는 감각을 느낄 수 있다.

누군가가 움직이게 한다는 점에서 오사카대학교의 마에다 다로가 제창한 '패러시틱 휴머노이드(Parasitic Humanoid: 기생하는 인조인간)' 연구도 흥미롭다. 패러시틱 휴머노이드는 다양한 웨어러블의 센서를 몸에 달고 외계를 탐사하는 사람의 지각에서 행동에 이르는 입출력 모델을 장치로 알아낼 수 있다. 게다가 양 귀 사이에 달린 웨어러블 기기에 약한 전류를 흘려보내 평형감각에 착각을 일으키면 사람은 자연과 신체가 한쪽으로 기울어졌다고 느끼게 된다. 누군가에 의해 조작되고 있다는 의심을 받지 않고 사람을 임의로 유도할 수 있는 시스템이다. 이러한 장치들이 실용화되면 신체란 정녕 누구의 것인가 하는 의문이 들 수밖에 없을 것이다. 무척 구분하기가 어려울 것이다.

■

순간이동은 가능한가?

■

신체의 경계선이 모호하다면 일단 한번 신체를 분해하여 재구성해보면 어떨까? 이러한 발상은 SF작품에서 종종 등장한다. 미국의 SF 텔레비전 드라마《스타트렉》시리즈에 전송장치(트랜스포터)가 등장하는데 물자를 빔(beam)으로 분해하여 전송한 목적지에서 재구축하는 방식을 취하고 있다. 또한, 1986년 영화《더 플라이》에선 물질전송기 '텔레포트 (teleport)'에 파리가 뒤섞임으로 인해 분자 단위에서 파리와 신체가 융합한 파리인간 이야기가 나온다.

만일 텔레이그지스턴스 기술을 이용하여 분자, 원자, 양자 단위로 자신이란 존재를 전송할 수 있다면 도대체 어떤 일이 발생할 수 있을까? 3D 프린터에서 정확하게 물질을 재구성하듯이 신체를 재구성할 수 있다면 인간은 어떻게 될까? 정신과 신체는 분리될 수 있을까? 이러한 의문들은 영원한 명제이다. 신체에 대해 논의를 하자면 아무래도 이들 주제에 봉착할 것이다. 증강인간공학의 연구자 입장에서 결론부터 말하자면 인간의 정신과 신체가 분리된다면, 즉 정신이 신체를 제어할 수 없다면 동일성을 상실할 것이란 생각이 타당할 것이다. 신체라는 외부 세계와 상호작용하는 입출력 기구(인터페이스)가 변화하면 앞서 변신에 대한 실험에서도 보았듯이 마음도 크게 영향을 받는다.

데이빗 크로넨버그 감독《더 플라이(The Fly)》의 한 장면.

변화를 받은 마음이 이전과 같은 것이라 할 수 있을까? 이와 관련하여 이탈리아 의사가 집도했던 인간의 머리이식수술이 화제이다. 머리를 제외한 나머지 신체가 모두 마비된 환자의 머리 부분만 분리하여 뇌사 판정을 받은 타인의 신체에 이식할 계획이었다. 과거에 원숭이를 이용해 같은 시도가 있었지만 완벽하게 성공하진 못했는데 특히 척수를 잇는 작업이 어려웠다 하여 많은 우려를 자아냈다. 만약 의료와 과학이 발전하여 이 수술이 성공한다면 뇌와 신체의 관계에 대한 사고방식 역시 획기적으로 변화할 것이다.

호빵맨의 자기동일성

그러고 보면 야나세 다카시의 만화 《날아라! 호빵맨》은 실은 불가사의한 설정이다. 호빵맨은 호빵인 자신의 머리를 친구들에게 먹여서 힘을 주고 잼 아저씨로부터 구운 빵을 받아 새로운 머리로 삼는다는 내용이다. 앞서 소개한 머리이식수술과는 반대로 신체만 남기고 머리 자체를 교체해 자기동일성을 유지한다. 호빵맨과는 전혀 관계없는 이야기라 미안하지만, 필자의 생각엔 신체가 분리되는 순간에 서로가 서로를 가짜라고 생각하지 않을까? 참고로 일러스트레이터인 마치로가 『쓰부앙맨』이란 패러디 만화를 그려 인터넷에서 화제가 된 적이 있는데 각각의 머리가 실은 별개의 존재라고 묘사된 결말은 필자의 생각과 같다.

이러한 심신에 대한 논의의 대표적인 실험으로 '수조 속의 뇌'란 사고방식이 있다. '당신이 체험하고 있는 이 세계란 실은 수조 속에 떠 있

1988년 제작된 TV애니메이션《날아라! 호빵맨(それいけ! アンパンマン)》.

는 뇌가 보고 있는 버추얼 리얼리티일 뿐이다'라는 사고방식으로 철학
자인 힐러리 퍼트넘(Hilary Putnam)이 제기한 바 있다. 앞장에 등장했던 영
화《매트릭스 시리즈》의 세계관이기도 한데, 요는 지금 눈앞에 펼쳐진
세계는 이미 버추얼 리얼리티일 뿐이라는 것이다. 이 사고실험에 대한
답은 아니지만 만일 현시점에서 타당한 결론을 끌어낼 근거라면, 이 세
계는 적어도 지금의 구조적인 컴퓨터에 의해 만들어진 버추얼 리얼리
티는 아니라는 점이다.

컴퓨터그래픽에 대한 논의 중에 시뮬레이션 된 리얼리티의 한계란
이야기가 있다. 어떤 물체끼리의 위치관계가 물리법칙의 계산으로 정
리할 수 있는 건 계산이 가능하지만, 그 계산량은 물체의 수와 대비하
여 지수적으로 증가한다고 1987년 미국 코넬대학의 박사과정 학생이
지적하였다. 지금 지구 상에 존재하는 물체의 수만 계산하려 해도 엄청
난 계산이 필요하며, 현재의 컴퓨터 성능으로는 우주가 탄생했을 때부
터 지금까지의 막대한 시간을 계산해 낼 수 없다. 다만 초병렬 처리가
가능한 계산기가 우주에 존재하고 우리 눈앞의 세계만 계산하지 않았

다는 반론도 있다. 이처럼 컴퓨터에 의한 계산이라는 수리학이 수조 안의 뇌라는 철학과 결부되는 등 바야흐로 시대는 분야를 초월해 가는 것이 현재의 흥미로운 현상이다.

지금까지 다수의 신체로 사는 인간과 변신 가능성에 대하여 살펴보았다. 그리고 다수의 신체와 변신을 할 수 있는 신체에서 맞닥뜨리는 벽으로 마음과 신체의 관계성이란 문제를 거론하였다. 다음으로 생각해 볼 사항은 분신과 변신 이후에 찾게 되는 신체융합과 합체의 문제, 즉 여러 명의 인간이 하나의 신체를 다룰 수 있는가 하는 의문에 대해서이다.

신체는 융합할 수 있는가?

신체융합, 합체로부터 포스트 신체 사회로

누군가의 신체에 올라타다

1999년에 개봉한 미국 영화 《존 말코비치 되기》를 관람한 사람이 있을 것이다. 말코비치란 등장인물의 머리와 벽에 뚫린 구멍이 연결되어 그 구멍으로 들어가면 말코비치의 신체감각과 동기화된다는 기상천외한 이야기다. 영화처럼 타인의 신체에 올라타는 것은 지금 생각해도 매우 중요한 발상이라 생각한다.

라이브 음악 영상을 볼 때 '내가 보고 싶은 건 그쪽 말고 ㅇㅇㅇ가 나오는 영상이다'라고 생각하는 경우가 있다. 카메라 영상을 볼 때는 카메라의 움직임이 아니라 카메라가 어디로 향하고 있는가가 중요하다. 이러한 문제를 해결하기 위

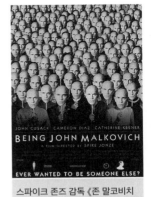

스파이크 존즈 감독 《존 말코비치 되기(Being John Malkovich)》의 포스터.

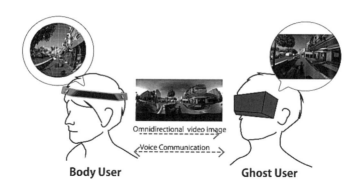

Omnidirectional video image
Voice Communication

Body User　　　**Ghost User**

꙼ 잭 인 헤드의 개요도. (lab.rekimoto.org).

한 노력으로 도쿄대학교의 레키모토 준이치가 연구개발한 '잭 인 헤드 (Jack in Head)'가 있다. 잭 인 헤드는 소니 컴퓨터 사이언스 연구소의 부소장을 겸임하고 있는 레키모토가 공동 연구하여 만든 웨어러블 카메라이다.

　이 장치에는 360도 회전카메라가 부착되어 있고 모자처럼 정확히 맞춰 쓰면 눈앞에 있는 모니터에 전방위로 주위의 풍경이 비친다. 이역시 《존 말코비치 되기》와 유사하게 흡사 누군가의 머리 안에 들어가그 사람의 시점으로 주위를 보는 듯한 기분이 든다. 또한, 주변 전체를담은 영상은 손 떨림 현상을 바로잡아 전송하기 때문에 영상을 보고 있어도 흔들림이 없다. 스포츠 관전 등 엔터테인먼트에서부터 재해나 의료 등 전문지식이 필요한 현장에서 응용하여 실용화할 것이라 기대한다. 이처럼 누군가의 신체에 '올라탄다'는 일이 어쩌면 과학기술을 통해조만간 충분히 가능할지 모른다.

일본에서 외국인 관광객이 증가하면서 자기 집을 빌려주는 셰어링 서비스 '에어비엔비(Airbnb)' 민박이 화제이다. 마찬가지로 자신의 신체를 빌려주는 서비스가 있다. '옴니프레즌즈(Omnipresenz：동시존재)'는 머리의 시선이 있는 위치에 액션 카메라를 설치하고 영상을 떨어진 장소에 있는 사람이 추체험(追體驗)하는, 이른바 인간 자체를 아바타로 이용하는 서비스다. 마이크를 통해 실시간으로 지시사항을 내릴 수 있으며, 영상을 추체험하는 입장에선 흡사 자신이 상대방을 조작하는 듯한 감각을 느낄 수 있다. 이것에다 헤드 마운트 디스플레이를 이용하면 확실히 누군가의 신체에 올라탄 듯한 현실감을 얻을 수 있다.

지금은 아직 실험단계의 베타판이지만 옴니프레즌즈는 여러 가지

🐌 옴니프레즌즈의 한 장면(www.omnipresenz.com).

활용방법을 상상할 수 있게 해 준다. 스카이다이빙을 추체험하고 싶은 사람이 있는가 하면, 멀리 사는 부모님이 걱정스러워 근처 이웃에게 대신 뵙고 오길 부탁하는 사람도 있을지 모른다. 그리고 에베레스트 등정처럼 누구나 할 수 없는 일의 경우, 그 희소성으로 인해 비용이 무척 많이 들 것이다. 신체가 만들어 내는 체험, 그 자체가 가치를 지닐 가능성이 엿보이는 대목이다. 가령 지방이나 세계를 도는 성지순례는 아무나 할 수 있는 일이 아니다. 제법 돈이 들기 때문에 주변 사람으로부터 돈을 모금하며, 여행을 떠날 사람이 대신 기도하고 돌아와서는 서로 여행담을 공유한다.

이처럼 추체험을 구하는 일은 예전부터 있었다. '오큐여행'이란 유사한 시스템이 일본에 있다. 타인의 여행 체험을 헤드 마운트 디스플레이인 '오큘러스 리프트(Oculus Rift)'로 현장감을 살려 추체험하는 프로젝트이며, 추체험하고 싶은 사람으로부터 돈을 모아 여행을 하려는 기획이다. 이 실험에서 뜻밖에도 식사하는 장면이 인기를 끄는 등 새로운 발견이 이어지고 있다.

■

체험을 공유하다

■

어쩌면 누군가의 체험을 공유하는 일은 이미 벌어지고 있다. 이미 텔레비전 뉴스에는 누군가 스마트폰으로 촬영한 사고현장 영상 등이 방송된다. 또한, 헤드 마운트 디스플레이 같은 기술혁신 덕분에 버추얼 리얼리티의 현실감이 높아짐으로써 매스미디어뿐만 아니라 개인도 미디어로서 희소성 있는 체험을 판매하는 일이 당연시되고 있다. 여기서 분명한 것은 어떤 때는 누구의 체험을 공유하고, 또 어떤 때는 자신의 체험을 공유하는 등 신체가 시간에 따라 전환할 수밖에 없다는 사실이다.

그리고 자신이 가진 시간과 타인이 가진 시간 사이에 일정조정에만 문제가 없다면 누구의 신체든 자신의 신체와 같은 동질감을 느낄 수 있을 것이다. 자동차나 집의 공유(sharing)가 가상의 소유감을 만들어 내듯이 디지털 미디어의 뒷받침으로 신체까지도 공유할 가능성이 엿보인다. 이에 따라 시간이란 개념이 하나의 키워드로 자리 잡는다. 그리스어로 '때(時)'를 나타낸 말로 '크로노스(Kronos)'와 '카이로스(Kairos)' 2가지가 있으며, 전자는 '크로노스 시간'이라 하여 과거로부터 미래로 일정한 속도와 방향을 갖고 기계적으로 흐르는 연속된 시간을 표현한다. 반면 후자는 '카이로스 시간'으로서 인간의 주관적인 시간이나 타인과 공유하는 시간을 나타낸 말이다.

이 카이로스 시간을 어떻게 버추얼 리얼리티 기술과 증강인간공학으로 제어할 수 있는가가 과제다. 신체의 카이로스 시간이 늘어나면 타인과 공유하고 있다는 감각이 커지며, 단순한 공유가 아니라 상당한 소유감을 느낄 수 있기 때문이다. 이처럼 인터넷이 사이버공간을 점령하면서 버추얼 리얼리티 기술과 증강인간공학은 시간을 어떻게 제어할 것인가 하는 과제에 봉착한다.

신체융합은 실현 가능한가?

체험을 공유하는 것만 과제가 아니다. 각각 별개의 존재인 다수의 정신과 신체를 하나로 만들려는 주제도 SF작품에 등장한다. 애니메이션 《사이코패스》는 인간의 모든 심리상태와 성격의 경향성을 측정하여 수치화한 '시빌라 시스템(Sibylla System)'을 도입한 가까운 미래를 그려 낸 SF작품이다. 시빌라 시스템이 산출한 '범죄계수(犯罪係數)'라는 수치를 토대로 규정치를 초과하면 범죄를 저지를 가능성이 있는 '잠재범(潛在犯)'으로 취급한다. 곳곳에 SF적 설정이 갖춰져 있어 자세히 보면 재미있는 애니메이션이다.

이 시빌라 시스템을 작동하는 구조는 이야기 속에서 한참 동안 미궁으로 남다가 중반 이후 서서히 정체가 드러난다. 이 시스템은 정말 흥미진진하다. 스포일러가 될까 봐 자세한 얘기는 생략하겠지만, 인간을 한 장소에 모아 컴퓨터나 기계와 함께 조합하여 여러 사람의 사고력과 기능을 증강하는 데 쓰이는 시스템으로 묘사하고 있다.

2012년 방영된 TV애니메이션 《사이코패스(PSYCHO-PASS, サイコパス)》의 한 장면.

그리고 개개인의 의사결정을 하나의 안드로이드에 집약하여 다수결로 행동에 나선다는 마세 모토로의 만화 『데모크라티아』란 작품이 있다. 소수의견을 존중하는 다수결 프로세스를 공부하면 더 정확한 선택이 실시간으로 가능할 것이란 흥미진진한 문제를 제기하고 있다. 어쩌면 이렇게 모인 인간의 지식에 인공지능이 더해진다면 행동의 선택에 정밀도가 높아질지 모른다. 이렇듯 다수의 사람이 하나의 신체를 구성하려는 비전을 필자는 '신체융합', 또는 '변신'이라 부른다. 뇌를 포함한 신체가 디지털화될 때 로봇이나 휴머노이드 등 하나의 신체에 복수의 사람이 올라탈 수 있을 것이다.

해적당의 액체 민주주의

현실 세계에서 신체융합과 유사한 정치활동을 하는 곳이 유럽의 '해적당(Pirate Party)'일 것이다. 해커와 IT 기술자가 다수 참가하고 있는 해적당은 인터넷 문화를 전제로 저작권법과 특허법에 반대하고 정치의 투명성과 네트워크의 중립성 등을 주장하며, 실제 독일이나 스웨덴에서 의원을 배출하여 화제가 되기도 했다. 성공의 여부는 차치하고 독일 해적당이 정치에 투명성과 유연함을 요구하며 '액체 민주주의(Liquid Democracy)'를 제창하고 있는 면은 흥미롭다. 실제로 정치적 의사결정을 내릴 때 '리퀴드 피드백(Liquid Feedback)'이라는 소프트웨어를 도입하고 당원이 인터넷을 통해 투표하여 실시간으로 의사 결정할 수 있는 시스템을 시도하였다.

의사결정의 주체가 '데모크라티아'와 같이 신체를 지닌 안드로이드
는 아니라 하더라도 여러 명의 의견을 한 사람의 의원에게 집약함으로
써 같은 형태의 실현 가능성을 열어 놓은 것이다. 호불호가 있겠지만
이러한 신체융합의 등장은 시대 흐름의 필연적 결과라 생각한다.

신체융합은 이인삼각이나 2인이 짠 옷감, 또는 축제에서 신을 모신
가마를 여러 사람이 짊어진 상태와 비슷할지 모른다. 누가 뛰는지, 누
가 둘러메고 있는지, 누가 움직이고 있는지 정확하게 구분할 수 없는
상황이다. 가령 학교 교실 정도의 단위에서 다수결을 하면 자신의 의
견이 반영되었다고 느낄지 모르지만 지방자치체나 국가 단위라면 어
려울 것이다. 자신이 제어하여 움직이고 있다는 감각과 자기귀속감,
자기효능감 등을 어느 단계에서 가질 수 있는가를 해명하는 것이 앞으
로의 과제이다.

■

편재된 신체

■

토머스 프리드먼의 세계적인 베스트셀러 『세계는 평평하다(The World
is Flat)』에 나오는 인상적인 에피소드로 미국에 있는 맥도날드의 드라이
브스루에서 주문했을 때의 일이 있다. 운전자는 자동차에 탄 채 인터폰
으로 주문하여 상품을 받는데 정작 가게 안에는 인터폰 선이 없고 콜로
라도 주에 있는 콜센터로 연결된다고 한다. 일단 여기서 고객의 주문을
받으면 다시 주문정보를 해당 점포로 보내는 체계이다. 이는 미국에 이
민자가 많은 것과 관계 있다. 아무래도 영어가 서툰 이민자가 주문을

잘못 받으면 서비스 질이 떨어진다. 수백, 수천 킬로 떨어져 있더라도 콜센터에서 주문을 받는 편이 정확하며 서비스의 질도 높아 효율적이라는 것이다.

이 콜센터는 현재 콜로라도뿐만 아니라 아시아나 유럽에도 거점을 두고 있다. 그래서 물가 차이에 따라 지급해야 하는 임금도 줄이고 시차에 따른 야근수당도 없어 비용을 낮출 수 있다. 게다가 더욱 주목할 변화는 기계화일 것이다. 지금도 콜센터에는 기본적으로 기계가 고객의 요구사항을 접수하며 필요할 때만 인간이 받아 응답하는 체계가 구축되어 있다. 한편으론 자동화가, 다른 한편으론 인간이 직접 나서 응답할 수 있어서 필자의 표현대로라면 거의 인간과 기계의 일체라 할 만하다.

『세계는 평평하다』 이후에도 온라인상에서 업무를 의뢰하고 결제까지 할 수 있는 크라우드 소싱(Crowd Sourcing)[13] 서비스가 보급됨에 따라 데이터로 송수신이 가능한 데이터 입력이나 디자인 업무 등은 굳이 회사에 나가지 않더라도 충분히 처리할 수 있게 되었다. 인간이 신체의 제약으로부터 해방되고 있는 현상은 모든 직업에서 폭넓게 전개되고 있다. 공장에서의 노동도 분신 로봇만 갖춰지면 텔레이그지스턴스의 기술로 조종하면 될 것이다.

농업도 기계화가 진전됨으로써 로봇과 드론을 이용해 작업하고 인간은 에어컨이 켜진 쾌적한 집 안에 머물며 문제가 생길 때만 그때그때 조작하면 해결되는 반자동화 시대가 열릴 것으로 생각한다. 굳이 사람

---

13 대중과 아웃소싱의 합성어. 대중의 참여를 통해 솔루션을 얻는 방법.

손이 없어도 기계가 해결해 주기 때문에 인간은 에러나 트러블이 생겼을 때만 문제를 해결하면 그만이다. 이처럼 신체의 물리적 제약이 풀릴 때 장소에 따른 가치 차이가 사라진다. 그리고 이에 따라 '신체의 위치등가성'이 실현되고 나아가 평평한 세계가 눈앞에 폭넓게 펼쳐질 것이다.

포스트 신체 사회의 로드맵

지금까지 서술한 바와 같이 텔레이그지스턴스와 분신으로서의 로봇, 그리고 현실감의 해상도를 높이는 버추얼 리얼리티 기술의 발전 속에서 과연 어떤 일이 일어날까? 적극적 측면으로는 신체적인 차이가 있는 고령자나 장애인, 그리고 육아 중이거나 간호 중인 사람, 해외에 있는 사람 등 물리적, 시간적인 벽이 있어 시도할 길이 막힌 사람들에게 새롭게 시도할 가능성을 열어 준다는 점을 들 수 있다.

반면 부정적인 측면도 있다. 작업의 자동화를 가능하게 하는 로봇이 보급되면서 경영 합리화로 인해 가장 먼저 사라지는 것은 전문성이 필요하지 않은 직업에 종사하는 사람들일 것이다. 또한, 이민자들의 필요성도 줄어들지 모른다. 미래를 예측하긴 어렵지만 엄청난 변화가 일어나리란 건 틀림없을 것이다.

신체가 물리적 제약으로부터 해방된 '포스트 신체 사회'가 실현된다면 미래는 어떤 모습을 하고 있을까? 10년 후, 20년 후를 내다보기 위해 필자를 포함한 버추얼 리얼리티 연구원들이 모여 로드맵을 작성했다. 다음은 『일본 버추얼 리얼리티 학회지』에 실린 그 내용의 일부이다.

물리 세계와 버추얼 세계가 경계선 없이 연결된 'R-V (Reality-Virtuality) 연속체 기반'이 형성되고, 이 기반 위에 도시와 지방 및 개인과 사회가 심리스(seamless)로 연계된 사회가 구축되고 있다. 이 버추얼 사회기반 위에서 시간과 거리 등의 물리적 제약, 운동과 인지능력 등의 신체적 제약 없이 누구나 자유롭게 사회참가와 생산 활동, 나아가서는 경제적 자립을 도모할 수 있다. 이에는 로봇을 매개로 한 버추얼 노동과 기술 전승 등도 포함한다. (중략) 2040년경에는 누구나 각각의 개성과 장점을 통해 서로 연대하거나 흩어지면서 활기찬 생산적·창조적 활동을 하여 '롱테일(Long Tail)형 초참여사회'가 실현되고 있다. (「버추얼 리얼리티 기술, 꿈의 로드맵」, 『일본 버추얼 리얼리티 학회지』 제18권 4호, 2013.)

언뜻 보면 'R-V 연속체기반' 등은 아무래도 『신세기 에반게리온』의 '인류 보완 계획'처럼 보이지만 여기서 선언하고 있는 내용에는 이 책에서 서술한 비전이 대부분 포함되어 있다. 그런 의미에서 증강인간공학과 버추얼 리얼리티 기술은 동전의 양면과 같은 관계라 할 수 있다.

■

슈퍼인간의 탄생으로

■

이제 책에서 초지일관 강조하고 있는 주제에 대해 거듭 서술하고자 한다. 이 책은 인간을 초월한 인간의 모습, 즉 '슈퍼인간'의 등장을 그려

보려는 목적에서 서술해 왔다. 제1장에서는 우선 보철에서 증강에 이르는 신체의 발전상을 살펴보았다. 그리고 증강신체가 도구로부터 신체화에 이르는 과정에 대해 두루 고찰하고, 신체와 외부세계의 경계선은 어디쯤 설정할 수 있는가에 대하여 다양한 사례를 소개하였다. 마지막으로 증강인간공학이 신체의 내부와 외부 쌍방 모두에 제어 가능한 영역을 확대하는 학문이라는 사실을 제시하고 사람과 기계의 일체라든가 자동화와 자유자재화라는 이 책에서 매우 중요한 콘셉트를 서술하였다.

제2장에서는 신체가 지닌 역할이란 무엇인지를 알기 위하여 인간이 오감 등의 감각기관을 사용하여 외부환경과 상호작용함으로써 물리 세계로부터 현실감을 토대로 세계를 구성해 나가고 있다는 사실을 설명하였다. 또한, 새로운 현실감을 만들어 낼 기술로서 버추얼 리얼리티를 소개하고 인간이 해상도가 높은 현실감을 창출해 내는 방법에 대하여 고찰하였다. 그리고 텔레이그지스턴스의 사례를 통해 탈신체가 지닌 의미를 탐구하였다.

마지막 장인 제3장에서는 분신으로서 로봇과 휴머노이드의 단면을 통해 인간형 로봇이 지닌 의미에 대하여 살펴보았다. 이어서 분신으로부터 복수의 신체를 인간이 창출할 가능성을 서술하고 변신으로 인해 발생하는 마음의 변화, 또는 심신이 분리되었을 때의 자기동일성에 대하여 고찰하였다. 그리고 신체가 융합한 신체융합, 합체라는 미래상을 묘사하고 포스트 신체 사회에 대한 상상을 펼쳐 보았다. 마지막으로 슈퍼인간이란 증강신체로부터 인간과 기계의 일체, 자동화와 자유자재화, 탈신체로부터 분신, 변신, 신체융합, 합체에 이르기까지 인간의 혜

아릴 수 없는 진화의 모습을 가리킨다.

정보기술, 버추얼 리얼리티 기술, 기계 기술, 네트워크 기술 등 이 전체를 과학기술이 아우를 수 있을 때 인간은 도구를 만들어 내는 것뿐만 아니라 자신의 신체성을 자신의 손으로 변화할 수 있는 존재, 즉 슈퍼인간의 모습으로 탈바꿈할 수 있다. 이 책에선 슈퍼인간이란 비전을 향한 첫걸음을 묘사한 것이다. 필자는 이 비전에 조금이나마 다가가기 위해 앞으로 매일매일 연구자로서 성실한 인생을 살아갈 생각이다.

대학에서의 연구는 와인과 흡사하다고 곧잘 학생들에게 이야기하곤 한다. 포도 과즙이 발효하여 숙성하기까지 필요한 시간으로 인해 와인에 맛의 깊이와 향을 더한다. 마찬가지로 처음 발견했을 때는 별 볼일 없을 것 같았던 연구 성과도 널리 알려지고 싼값에 사용되기까지는 시간이 걸리는 법이다. 버추얼 리얼리티가 이제 겨우 꽃피우고 있는 것이 좋은 예일 것이다. 연구자들 사이에선 일찍이 90년대에 연구가 왕성했기에 축적된 지식이 많은 분야이다. 근래 들어 스마트폰에 사용되고 있는 유기(有機) EL 디스플레이와 가속도 센서, 자이로 등의 센서류 및 동작 처리와 화상생성에 필요한 공통 프로그램으로서 게임엔진이 개발되면서 마침내 버추얼 리얼리티의 보급이 본격화되었다. 그리고 파워 슈트와 같은 증강신체의 사례가 증가한 것도 주목해 볼 만하다.

애초에는 건설이나 항공기를 제작하는 현장에서 활용하려는 목적으로 개발된 기술이 지금은 로봇보다는 아직은 인간이 해야 할 중요한 의료나 간호 등의 서비스 산업에 도입하는 것을 지향하고 있다. 단기적으로는 사회로 환원하는 방안이 불투명한 연구도 중장기적으로 보면 시대적 추세와 함께하고 있다는 것이 연구의 재미있는 점이다. 또한, 대학에서는 주로 기초연구 등 새로운 사실을 발견하는 사이언스(과학)가 있지만, 그 발견과 기술을 이용하여 문제 해결을 해 나가는 응용과학으로서의 엔지니어링(공학)이 존재한다.

엔지니어링을 문제해결공간의 사이언스라고도 하는데 이쪽은 와인보다는 요리에 가깝다. 요리의 내용에 따라 좋은 식재료를 찾고 각각의 독자적인 조리법으로 요리한다. 요컨대 사이언스로 배양된 기술의 축적을 어떻게 정리하고 어떤 목적으로 아웃소싱 하는가가 요리사인 엔지니어의 팔에 달렸다 하겠다. 또한, 엔지니어링에는 요리와 마찬가지로 지역성이 있다고 생각한다. 세계적으로 유명한 레스토랑이 있다면 지역에서 사랑받는 식당도 있다. 엔지니어링이 문제해결공간의 사이언스라면 지역 특유의 문제와 이에 근거한 문화 및 사람의 독자성과 가치를 정확히 간파하여 세계로 뻗어 나가는 것이 중요하다고 생각한다.

이 책에 수많은 SF와 엔터테인먼트 작품이 등장시킨 이유는 그러한 지역성에 뿌리를 둔 엔지니어링의 연구개발 성과에 대해 자신감을 느끼고 세계에 알리고 싶은 바람이 있기 때문이다. 인간의 신체를 증강하는 연구의 내부과정은 심오하다. 발화장애를 연구하는 연구자가 '분명히 그들에게 발화 장애가 있겠지만 그들의 말을 듣는 우리의 능력에도 장애가 있는지 헤아려봐야 한다'라고 말했던 적이 있다. 바로 그렇다. 그들의 말을 알아들을 만큼 청각을 증강하는 기술이 개발되면 해결할 수 있다는 뜻일 것이다. 장해 제거를 위해 외부의 환경부터 해결할 건지, 증강신체로 내부의 신체로부터 해결할 것인지 인식과 견해에 따라 세계를 변화시켜 낼 수 있는 게 엔지니어링의 재미있는 요소이다.

이 책에서도 우리가 SF 등에 묘사된 미래의 세계를 어떻게 공학적으로 실현해 나갈 것인가 하는 문제를 서술하였다. 초등학교 무렵 필자는 도라에몽이 책상 서랍에서 튀어나오는 그날을 학수고대한 적이 있다. 그리고 도라에몽을 기다리는 일을 포기한 날에 그렇다면 언젠가는 내 손으로 마법의 도구를 만들어 내겠다 결심하였다. 자신이 바라는 것을, 누군가에게는 기쁨으로 다가갈 일을 손수 만들어 낸다는 엔지니어링의 보람을 조금이나마 느낀다면, 필자로서 더 바랄 바가 없을 듯하다.

마지막으로 이 책을 쓰면서 많은 사람에게 신세를 졌다. 버추얼 리얼리티 콘테스트에 참가했던 학부생 시절부터 지금에 이르기까지 물심양면으로 보살펴 주신 도쿄대학 명예교수인 다치 교수가 있었기에 오늘날 나의 연구자 인생이 있을 수 있었다. 이 자리를 빌려 거듭 감사의 말씀을 올리고 싶다. 또한, 다치연구실에 소속되어 있는 동안 나에게 필독서로 『공각기동대』를 추천해 주고 밤낮으로 연구과정을 보살펴 주신 오사카대학교의 마에다 다로 교수, 메이조대학교의 야나기다 야스유키 교수, 연구의 임팩트와 독자성의 중요성을 가르쳐 주신 도쿄공업대학원 학장인 아이자와 마스오 교수, 학부 1년 때 기술에 문외한이었던 나와 함께 더듬거리며 버추얼 리얼리티 시스템을 함께 만들었던 세키구치 다이로쿠, 모리 히로키를 비롯한 도쿄공대 로봇기술연구회 ARMS의 멤버들.

애석하게도 2009년에 39세의 젊은 나이로 이 세상을 등진 고(故) 가와카미 나오키 선생은 학부에서 ARMS를 결성할 즈음부터 다치연구실에서 광학미채를 만들어 낼 때까지 밤낮으로 즐겁게 이인삼각이 되어 연구하였다. 풋내기 강사였던 나를 아낌없이 지원해 주신 교토대학교의 마쓰노 후미토시 교수, 로봇과 상호작용에 대하여 깊이 고찰할 기회를 베푸신 도쿄대학교의 이가라시 다케오 교수와 JST이가라시ERATO 프로젝트 여러분들. 공동연구를 통해 다양한 지식을 교환했던 MIT 미디어랩의 래메시 래스카 교수, UniSA의 브루스 토마스 교수, 우퍼오스트리아 응용과학대학교의 마이클 할러 교수, 프랑스국립정보자동화연구소(INRIA)의 아나톨 레퀴에르 박사, 신체의 미래에 대한 논의와 조언을 아끼지 않으셨던 이화학연구소의 후지이 나오타카 교수, 도쿄대학교의 시노다 히로유키 교수, 레키모토 준이치 교수, 도요하시과학기술대학교의 기타자키 미치데루 교수를 비롯해 수많은 사람의 지원에 힘입어 연구를 계속할 수 있었다.

초인스포츠 협회의 나카무라 이치야 선생, 그리고 MIT 미디어랩의 이시이 유타카 교수, 전기통신대학교의 가지모토 히로유키 교수, 도쿄공업대학교의 하세가와 쇼이치 교수, NTT의 와타나베 슌지 등은 평소에 늘 의견을 교환하며 나의 연구에 많은 조언을 아끼지 않으셨다. 이 자리를 빌려 거듭 감사의 말씀을 올리고 싶다. 또한, 이 책은 게이오의 숙대학교 대학원 미디어 디자인 연구과에선 나의 '현실감설계(Reality-based Design)'에 논의를 통해 대폭적으로 내용을 보충해 주어 전면적으로 손을 본 끝에 완성할 수 있었다. 논의와 연구 과정 상에 본질적이고도 날카로운 충고를 아끼지 않았던 오쿠데 나오히토 선생, 니이 히데아키 박사, 스기모토 마키 선생, 미나미 자와코우 선생을 필두로 한 리얼리티미디어 프로젝트의 스태프 여러분들. 또한, 적극적인 발언으로 수업을 함께 도모해 준 학생 여러분께 감사의 말씀을 드리고 싶다.

또한, 사진을 제공해 주신 익시(Ixy)의 야마우라 히로시에게도 감사를 표한다. 가정을 거의 돌보지 못한 채 연구생활에 전념할 수 있었던 건 항상 따뜻한 마음으로 곁을 지켜 준 아내 덕분이다. 이 자리를 빌려 마음 깊이 감사하고 싶다. 이 책이 증강인간공학을 통해 미래에 대한 기대가 커지는 계기로 자리매김하면서 독자 중에서 미래를 창조하는 연구에 뜻을 둔 사람이 나온다면 저자로서 더 행복한 일은 없을 것이다. 필자도 이 책을 하나의 계기로 삼아 앞으로 증강인간공학의 연구와 실천에 더욱 매진할 생각이다.

2016년 1월, 이나미 마사히코(稻見昌彦)